平成の藝談
歌舞伎の真髄にふれる

犬丸　治
Osamu Inumaru

Eurus
Notus
Boreas
Zephyrus

岩波新書
1754

2019. 3. 22

はじめに

この三十年間、すなわち「平成」(一九八九～二〇一九年)になされた歌舞伎役者の芸談を集めてみようと思った。

元号も西暦も、所詮は人間が作った便宜的な区切りに過ぎない。しかし、わずか十五年間の大正に「大正演劇史」が存在するなら、平成はすでにその倍である。三十年で括って、その間に役者たちから発せられた様々なことばを積み重ねてみると、そこからは自ずと、歌舞伎の芸のありようの何処が変わり、何処が変わらなかったのか、「芸談」という視角からの「平成歌舞伎論」が浮かびあがってくるのではないか。

そう思ったのは、三十年前の平成元年九月に、ひとりの若者が書いた「決意表明」を読んだからである。

松緑のおじさんが亡くなられた。……思えばものごころついて以来、私が見てきた歌舞伎というものは松緑のおじさんの「弁慶」であり「知盛」であり「忠信」であり「仁木」であり「由良之助」であり「宗五郎」であり「新三」であり「道玄」であり「素襖落」であるわけで、この三十年、松緑という役者をただひたすら見続けてきたと言っても過言ではないのである。

その芸が消えてしまった。

私は今、正直に言うと生まれて初めて伝承というもののエネルギーの源にぶち当った気がする。

今までは先輩から教わって舞台を勤めていても、伝承しているという実感は少なかった。……観客にアピールしたい、という自分中心の考えの方が強かった。が、今松緑のおじさんを失ってみて始めて、永年自分が信じ、親しみ、勉強してきたものを何とか後世に伝えたい、そうしなければいけないと思うようになってきたのである。そしてこれはかなり大きなエネルギーとなって、私の体の中を満たしている。

筆者は、当時三十三歳の五代目坂東八十助、のちの十代目三津五郎である(『あばれ熨斗』より)。若干の解説が必要だろう。「松緑のおじさん」、すなわち二代目尾上松緑は、戦後歌舞伎を牽引した名優である。長兄十一代目市川團十郎、次兄初代松本白鸚と並ぶ「高麗屋三兄弟」の一人で、父七代目松本幸四郎の豪宕、師六代目尾上菊五郎の精緻さを合せ持った明快な芸風。踊りの名手として知られた。

文中の「弁慶」は歌舞伎十八番「勧進帳《かんじんちょう》」の武蔵坊弁慶、「知盛」「忠信」は「義経千本桜《よしつねせんぼんざくら》」の新中納言知盛と佐藤四郎兵衛忠信。「仁木」は「伽羅先代萩《めいぼくせんだいはぎ》」の仁木弾正《にっきだんじょう》、「由良之助」は「仮名《かな》手本忠臣蔵《でほんちゅうしんぐら》」の大星由良之助と、それぞれ時代物の大役である。「宗五郎」は「新皿屋《しんさらや》舗《しき》月雨暈《つきのあまがさ》」の魚屋宗五郎、「新三」は「梅雨《つゆ》小袖昔八丈《こそでむかしはちじょう》」の髪結新三《かみゆいしんざ》、「道玄」は「盲長屋梅加賀《めくらながやうめがかが》鳶《とび》」の竹垣道玄と、いずれも江戸市井を描いた世話物の主人公。「素襖落《すおうおとし》」の太郎冠者は、狂言を写した舞踊である。松緑はこれら時代物・世話物から舞踊まで幅広く長じ、三津五郎青年は、松緑率いる「菊五郎劇団」の若手として、松緑を師とも第二の父とも頼んでその芸を日々目の当たりにしていたのである。

松緑の舞台は「自分の体を痛めつけ、教えられたことを忠実に守りながら観客に媚びることなく、その気迫をもって観客を圧倒」(同書)し続けたが、平成元年(一九八九年)六月、七十六歳で没している。

この一文のキーワードは「先人の死」と「伝承」。それがそのまま歌舞伎にとっての「平成」

という時代を象徴している。

平成への改元が昭和天皇の死によって齎されたように、一九八〇年代末はひとつの世代の交代期であった。二代目中村鴈治郎（昭和五十八年没）、十七代目中村勘三郎（昭和六十三年没）は平成の世を見ることがなかったし、二代目尾上松緑（平成元年没）、七代目尾上梅幸（平成七年没）、六代目中村歌右衛門（平成十三年没）ら戦後第一世代は老い、いわば残照の輝きを放っていた。

彼らよりひとまわり年長な十三代目片岡仁左衛門（平成六年没）のように、ついには視力を喪いながらも、「老木の花」を咲かせた奇跡もある。しかし松緑らの晩年は、現在の我々の「七十代」に対する感覚からすれば、八十代と見紛うほど老いていた。それは同時に、彼らが生き抜いてきた「昭和」の過酷さをも示していたのである。

彼ら第一世代の最期の光芒のあと、四代目坂田藤十郎、五代目中村富十郎（平成二十三年没）、四代目中村雀右衛門（平成二十四年没）、七代目中村芝翫（平成二十三年没）らの時代が来る。続くのが、九代目松本幸四郎（現二代目白鸚）、七代目尾上菊五郎、十五代目片岡仁左衛門、二代目中村吉右衛門、四代目中村梅玉、二代目中村魁春、十二代目市川團十郎、五代目坂東玉三郎ら。三代目市川猿之助（現二代目猿翁）は惑星的存在として「スーパー歌舞伎」など様々な実験で劇界に新風を齎してきたが、その途上で病に倒れる。

これと平行して、八月歌舞伎座での三部制納涼歌舞伎(平成五年〜現在)を跳躍台として中村勘九郎(十八代目勘三郎)、坂東八十助(十代目三津五郎)、中村福助、中村橋之助(現八代目芝翫)ら若手たちが人気・実力をも兼ね備えて伸びていく。

平成の世の終わりには、これら第二世代・第三世代が渾然一体となって歌舞伎を支え、新装なった歌舞伎座を拠点に、若手たちを鍛えていくはずだった。ここで「はずだった」と書かねばならないのは悲しいが、勘三郎(平成二十四年)、團十郎(平成二十五年)、三津五郎(平成二十七年)の相次ぐ死である。それは私たち観客にとっても、歌舞伎界においてもまさに「不測の事態」だった。

團十郎は市川宗家を背負う「歌舞伎の神木」であり、芸の円熟とあいまって歌舞伎を大局的見地から眺めていくであろう人だった。勘三郎は、祖父六代目菊五郎・父十七代目勘三郎の天稟を受け継いだ劇界の麒麟児として、三津五郎はもはや名人の域に達したその踊りで、先人の芸を第四世代(幸四郎、愛之助、獅童、松緑、猿之助、海老蔵、菊之助、勘九郎、七之助ら)に受け継いでいく、いわば橋渡し役だった。「天国のコンピューターが故障したのではないか」というさる人のつぶやきは、至言だと思った。

平成二十五年(二〇一三年)三月、新装開場なった歌舞伎座(第五期)の盛況が続いている。正月など東京の国立劇場・新橋演舞場・浅草公会堂、大阪の松竹座含め五座で歌舞伎がかかることも珍しくない。役者の層も、老・壮から平成生まれの若手まで、これだけ厚い時代も珍しいかも知れない。しかしその繁栄は、司令塔の一翼を荷うべき團十郎ら三人を喪った脆さとも裏表なのではないだろうか。特に、中堅から若手への芸の伝承の面においてである。

その一方でここ数年、「スーパー歌舞伎Ⅱ・ワンピース」「野田版桜の森の満開の下」「あらしのよるに」「マハーバーラタ戦記」「NARUTO―ナルト―」、オペラ歌手・能楽師とのコラボレーションによる「源氏物語」など、実験歌舞伎の試みが盛んだ。歌舞伎は「傾き」(かぶき)。時代と鋭利に切り結んでいくこれらの新作群は大歓迎だし、カーテンコールでの坂東巳之助、尾上右近、中村隼人ら若手たちの達成感に満ちた表情は清々しい。しかしこれらも、確固とした古典歌舞伎の素地があってこその両輪だろう。

「司令塔の一翼を欠いた」と言った。ならば私たちが指針として求めるものは、役者たちが遺してくれた「芸談」だろう。先人は如何にしてことばで芸を伝え、後進はそれを受け取り自分のものにしたのか。旧くは世阿弥の『花伝書』以来、「秘すれば花」「一子相伝」とされた奥義は、江戸時代には歌舞伎の大衆的性格ゆえに、早くから坂田藤十郎・芳澤あやめら、元禄期(一六八八〜一七〇四)の名優たちの芸談集『役者論語《やくしゃばなし》』が刊行された(安永五年)。それは、単に

「楽屋裏を知りたい」という読者の興味ばかりではない。

「近来の人を、自《みづから》呵責するにあらず。古人の教訓を用ゆる人なき故に、書しるし侍る」（『役者論語』「佐渡嶋日記」）。

和事・所作事の名手として知られた佐渡嶋長五郎は、近年所作の間に扇で煽がせたり、湯を呑んで休息する役者が多いのに嘆いている。「見物へうしろを見せ居るうちは、正面にて舞より猶大事なり」という先人の教えが蔑ろにされている。それが出来ぬならいっそ踊らぬほうがましだ、と。

「元来歌舞妓といふもの、左様なる不行義の物にあらず。古実を能《よく》知たる人すくなく、近来年《とし》〳〵に持《もち》なし悪敷《あしく》成たり。坂田藤十郎云、元禄の末宝永に至り今二三十年も年立たらば、芝居大イに衰《をとろへ》と成べしと、その時分より、歎き申されし」（同書）。

すでに元禄宝永（一六八八～一七一一）の時点で芸の衰退の危機が叫ばれていたわけで、「芸談」は先人の芸への懐古と次代への叱咤の鞭の両方の役割を担った。

以後現在まで公刊された芸談は夥しい数に上る。とりわけ平成に入ると、雑誌・放送など既存メディアでの発言だけではなく、役者自身によるSNSでの発信も加わった。それらすべてを渉猟・把握するのは不可能なので、本書では原則、平成に入って刊行された単行本（昭和期の芸談・座談会を収録したものも含む）から採録してみることにした。

平成の世の始まりに、師父（松緑）の芸と志を次代に伝承すると誓った若者（三津五郎）が、その世の終わりを見ずしてすでに亡いのは歳月の残酷さだ。三津五郎自身が盟友勘三郎への弔辞で述べた通り「肉体の芸術ってつらいね。そのすべてが消えちゃうんだもの」。

しかし幸い、彼を含め多くの役者たちの語った「ことば」は、そのちからによって歌舞伎の芸の伝承のありかたを、確かに次の世に紡ぎ出そうとしている。

目　次

写真撮影＝二階堂健
舞台製作＝松竹株式会社
協力＝公益社団法人日本俳優協会
演劇出版社

第一章　舞台の心得

三津五郎の喜撰法師．平成 23 年 12 月南座

某優「吹替えに似せろ」（直話）

歌舞伎を観る愉しさのひとつに、宙乗り、早替りなど仕掛け・トリックを多用した「ケレン」がある。「吹替え」は、このうちの早替りで役者が次の役に早拵えしている間を、別の役者が前の役の扮装で舞台上でつなぐことを言う。

室町期、麗々しい風流を飾り立てた「風流踊」の例を待つまでもなく、日本の芸能にはカーニバル性が潜在する。その見世物としての性格が「ケレン」というかたちで歌舞伎で臆面もなく披露されたのが、十九世紀初頭・文化文政期の江戸。その担い手こそ、「東海道四谷怪談」の作者として知られる奇才・四代目鶴屋南北であった。

文化十年（一八一三年）三月、江戸森田座で初演された南北作「於染久松色読販《おそめひさまつうきなのよみうり》」（「お染の七役」）では、眼がパッチリとして「眼千両」と呼ばれた美貌の名女形・五代目岩井半四郎が、男女七役を早替りで見せた。

序幕の柳島妙見は「お百度参り」という設定で、下手から上手、上手から下手と参詣客がグルグルとお百度を踏むにつれて、半四郎が油屋の娘お染、丁稚久松、久松の姉で奥女中の竹川と目まぐるしく替わり、当時の見物たちを驚かせた。

三代目市川猿之助(現猿翁)が復活した、やはり南北の「慙紅葉《はじもみじ》汗顔見勢《あせのかおみせ》」(「伊達の十役」)になるとさらに奮っている。仙台藩伊達家の御家騒動に取材した芝居で、文化十二年七月河原崎座初演では、当時売り出し中の七代目市川團十郎が、暑さの中、顔を紅葉の様に赤く染めて、汗だくになって、足利頼兼・仁木弾正・細川勝元・乳人政岡・荒獅子男之助・渡辺外記・傾城高尾・土手道哲・絹川与右衛門・腰元累の善悪男女十役を兼ねた。

復活された「廓の場」では、主君頼兼を惑わして国を誤るとして、猿之助の与右衛門が、これまた猿之助の傾城高尾を殺す。座敷の左右の障子、立てられた屏風の陰を使っての早替り。高尾を殺したものの罪の意識に戦いた与右衛門が糸立(莫蓙)にくるまって花道にかかると、揚幕から傘をすぼめて出て来た悪坊主・土手の道哲(吹替え)とぶつかる。このすれ違いざまの一瞬で、扮装を与右衛門から道哲に変えるのである。揚幕に走り込む与右衛門は吹替え、本舞台に猿之助の道哲がいる。その間わずか〇・四秒。感嘆がジワになって劇場内を包む。この糸立を使っての早替りを「昆布巻」と芝居の世界では呼ぶ。

こうした「早替り」には、様々な口伝がある。例えば、早替りのために舞台袖などに引っ込む時は、捨て台詞を言いつつ、わざとゆっくり入る。観客に残像をしっかり印象付けておくためだ。その代わり、舞台裏では脱兎の如し。水面下の足掻きは決して見せない。こうした技術に加えて、戦後、前進座で「お染の七役」を復活した五代目河原崎國太郎は、どうせ「着せ替え人形」のようなものだろう、という外野席からの声に反論している。「化物とか化猫なら動物の模写ですみましょうが、七人の心を寸感的に現わすのです」(『女形芸談』)と。七役替わるなら、その一役一役の確かなハラ、性根を役者が把握していなければ出来ないのである。

そこで、「吹替えに似せろ」である。

これはさるヴェテランのワキ役が話してくれたのが耳に残っていた。例として「怪談乳房榎《かいだんちぶさえのき》」を挙げよう。三遊亭円朝の口演を脚色、上方の二代目実川延若が工夫したもので、その子三代目延若から十八代目勘三郎に伝わり当り芸となった。

柳島の絵師菱川重信の女房お関(円朝の原作はおきせ)と通じた浪人磯貝浪江は、重信を殺害。さらには重信夫妻の子真与太郎《まよたろう》が邪魔になり、篤実な下男正助に命じて真与太郎を十二社の滝壺に捨てさせるように命じ、悪党蟒《うわばみ》三次に先回りさせ、二人を殺そうとする。

十二社では、正助・三次・重信の霊三役を替わるのだが、花道から赤子を抱いてとぼとぼと出た正助が、巌の穴を潜ったり、出たりを繰り返す。ある時は役者本人、ある時は後ろ向きに顔を隠した吹替えである。

この繰り返しのうちに、観る側も当然「そろそろ別の役に替わるな」と気づく。役者側もプロセスをあからさまにし、観客もそれに乗って楽しんでいるのだ。予想通り小屋から三次になって出て、滝壺での「二人」の壮絶な立廻りになる。無論どちらかが本人、どちらかが吹替えだ。「『乳房榎』を得意とした三代目延若が明かしている。「ほんの一瞬ですが、舞台に居るのは全部吹替えという箇所があるんですよ。その間に花道に走るんです」(『歌舞伎をつくる』)。

本水でびしょ濡れの二人が、傘を枷にして鮮やかに替わっていく。そのとき、「吹替えが役者に似せる」のではなく「役者のほうから、吹替えに似せろ」というのである。

逆説的な表現だが、実は歌舞伎の本質を鋭く衝いている。男性が女性を演じる「女形」が端的に示すように、虚と思えば実、実と思えば虚。歌舞伎は常に虚実の皮膜をたゆたうている。主役の役者が吹替えに似せて、自分という個性を殺す事で、吹替えという「虚」は観客の脳裏で一瞬「実」に転換する。それが出来たなら、吹替えの「虚」を演じ切った、その役者の芸の力に他ならない。「どちらかが本人でどちらかが吹替えのように演ってますでしょ。毎回になると、お客さんのほうでも錯覚を起こしてどれがどうだか判らなくなるんですね」(同書)と延若もその機微を語っている。

文化文政期の名優・三代目坂東三津五郎の挿話である。さる芝居で家老役を演じた時に、湯呑の縁を爪弾きし、それを時計の鐘に合せて道具替りのキッカケにして大当たりだった。その湯呑が張りぼてだったので、気をきかせた狂言作者が本物の茶碗に替えておいた。舞台を終えて不興顔で楽屋に戻った三津五郎、「瀬戸物を瀬戸物と見せるは誰にでも出来る、張子を瀬戸物と見せるが則ち俳優の腕といふものなり、此の頃漸う張子が真物《ほんもの》に見えるやうなつたものを」と言ったという(『近世日本演劇史』)。

三津五郎の芸が、「張子」(吹替え)を「瀬戸物」(本物)と見せたのである。

二代目中村又五郎

「お客の息を抜いてあげるような芝居をする、これですね」

(『聞き書き　中村又五郎歌舞伎ばなし』より)

これは、又五郎が語った卓抜な勘九郎(のちの十八代目勘三郎)論の一節である。

又五郎の父・初代は小芝居の名優で、今わの際に鏡を持ってこさせ、自分の臨終の顔を観ながら死んでいったという壮絶な挿話が残っている。大正九年(一九二〇年)、五歳で父と死に別れた又五郎は、親戚である初代吉右衛門のもとに引き取られ、その膝下で播磨屋の芸を貪欲に吸収した。同時に、吉右衛門の歳が離れた異母弟・もしほ(のちの十七代目勘三郎)とは竹馬の交わりを結んだ。のちに昭和三十六年(一九六一年)、又五郎が八代目幸四郎(のちの初代白鸚)らと松竹から東宝に移籍した時、泣いて又五郎を止めたのは勘三郎だった。

六代目菊五郎は、父五代目菊五郎の弟子で老練な脇役だった四代目尾上松助を「ちゃん」と呼んで慕ったが、勘九郎のちの十八代目勘三郎にとっては、又五郎が「ちゃん」的存在であった。父勘三郎が入院中、勘九郎は国立劇場で父・祖父の当り役「髪結新三《かみゆいしんざ》」を勤めていたが、舞台で父の死を悟ったのは、相手役の又五郎の家主長兵衛の眼から溢れる涙であった。

そうした関係にあるだけに、又五郎は勘九郎の短所も長所も熟知していた。父勘三郎の死後、勘九郎は分からないことがあれば、まず又五郎を頼った。芝居がハネて、夜遅く訪ねてくることも。「おじさん、まだ本当に教えてない」「教えてるよ」。そんなやりとりもあった(『中村又五郎歌舞伎ばなし』)。芸への欲が深く、押して押して押しまくる。それは役者の業ともいえるが、これが舞台となると勝手が違う。

「普通の芝居はね、相手が動けるような芝居をしなければ。勘九郎なんか、やりすぎるくらいやりますからね。どんどん押してくる。あれを受けてやらなければ相手はつんのめるんです。正しく受けてやらなければ、変な芝居になってしまう」(同書)。

又五郎は、父を喪った勘九郎が、父のようになろうなろうと焦るあまり、ゆとりを失っていることを見抜いていた。そこで、冒頭の発言になる。

その思いは、勘九郎の岳父七代目芝翫も同じだった。「いま、あの人に願うことは、駆け出さないことね。……もうちょっと抑えて、あと五年たってから」(『中村屋三代記』)。

二人の危惧通り、その後の勘九郎は生き急いだ。八十助(三津五郎)・橋之助(芝翫)・福助らとの八月歌舞伎座での三部制納涼歌舞伎、渋谷Bunkamuraのシアターコクーンで串田和美と組んでの「コクーン歌舞伎」、勘三郎を襲名してからの「平成中村座」の試みは、ついにニューヨークへの凱旋公演をも実現、「ニューヨーク・タイムズ」に激賞された。

なかでも平成十三年(二〇〇一年)八月「野田版研辰の討たれ」の歌舞伎座初演では、父の敵と付け狙われた臆病者の主人公・守山辰次の生への執着を余すところなく描いて、初日のカーテンコールでは、私を含め観客全員が思わず総立ちになって拍手を送った。勘三郎のいわば頂点であったろう。

しかしその反面、彼が手がけた新作の中には「出る必要があるのだろうか」と正直首を傾げたくなる作品もなくはなかった。「歌舞伎を時代の遺物にしてはならない」という熱い思いと、根っからの付き合いの良さからであろうが、いま改めて又五郎と芝翫の文章に綴られた危惧を読むと、なるほどと頷かされるのである。

むしろ勘三郎の舞台で印象深いのは、晩年、新橋演舞場や平成中村座で手がけた古典歌舞伎の数々だった。平成二十四年(二〇一二年)二月演舞場、吉右衛門の長兵衛を向こうに廻しての「御存鈴ヶ森《ごぞんじすずがもり》」の権八は、三津五郎をして「君がこれまで蓄えてきた芸が底光りするような出来だったので、「今度のは素晴らしい、恐れ入った」」(弔辞)と言わしめるほどの芸境に達していた。

この挿話は、勘三郎の祖父・六代目菊五郎の権八を観た七代目三津五郎、すなわち三津五郎の曽祖父が「江戸を知らない権八をはじめて観たよ」と評し、菊五郎が「そう言ってくれるのは寿作《じゅさ》ちゃん(三津五郎本名)だけだよ」(『芸十夜』)と応じたのを彷彿とさせる。美男剣士白井権八は所詮、中国筋の江戸知らずの初心《うぶ》で野暮な侍だ。菊五郎は、美しい極まりと和実味のなかに、その性根を滲ませたのである。勘三郎が祖父同様だった、と言うのではない。その時恐らく勘三郎は、自分の芸を正当に識る好敵手を得た幸せに満たされたろうと思うのである。

平成中村座では、「法界坊」「髪結新三」よりも、私には若手を指導する立場で演じた「寿《ことぶき》曽我対面《そがのたいめん》」での曽我十郎の何ともいえぬ気品とやわらか味が瞼に焼き付いている。ようやく勘三郎は「お客の息を抜いてあげるような芝居」の域に達していたのかも知れない。
その先の円熟を我々に垣間見せることもなく、勘三郎は人生を駆け抜けて行ってしまった。

二代目尾上松緑

「このせりふが原文通り「天皇は」と言えるようになっただけでも、今の世の中はよくなったと実感します」

(『松緑芸話』より)

「このせりふ」とは、「義経千本桜」二段目「大物浦《だいもつのうら》」で、義経に復讐戦を挑んだものの敗れ去った新中納言知盛が、安徳帝の姿を求めて戦場でひとり絶叫する「天皇はいづくにまします。お乳《ち》の人。典侍《すけ》の局」。

「実に悲愴なせりふですが、戦前は「我が君はいずれにおわす」としか言えなかったんです。「天皇」ですと「てぇーんーのぉー」と下からせりふが出られますから保《も》てるんですが、「我が君」では「わが」まで言ってしまうので後が保てません。かと言って「わぁーがぁー」じゃおかしくなりますしね」(『松緑芸話』)。

無論、松緑はせりふが技術的に言いやすくなったから「世の中はよくなった」と言っているのではない。戦前の「天皇」タブーから解放された晴れやかさを率直に吐露しているのだろう。源平合戦で死んだとされた新中納言平知盛は実は生きていて、乳人典侍局《すけのつぼね》とともに安徳帝を守護し、摂津尼崎で渡海屋銀平、局は女房お柳、帝は娘お安となって身をやつしている。そこに都を追われ九州に落ち延びる義経主従がやって来る。捲土重来、知盛は自ら幽霊に扮して義経を討ち果たそうと謀るが、敗退する。手負いの知盛は「この世からなる悪霊」の形相で義経に挑みかかるが、すでに義経に供奉された幼い帝の一声で解脱する。知盛は帝に戦を通じて修羅道・餓鬼道・畜生道の苦患を味わわせたのも、父清盛が「外戚の望有ルによつて。姫宮を男宮といひふらし。権威をもつて御位につけ。天道をあざむき。天照大神に偽り申せし其悪逆」が報いたのだと悟り、帝を義経に託し、大碇を身体に結び付けてひとり水底深く沈んでいく。

「千本桜」の「渡海屋・大物浦」は謡曲「船弁慶」の凄絶と、「見るべき程のことは見つ」と大悟して入水する平家物語の知盛像を巧みに重層化させた義太夫狂言の傑作だが、安徳天皇を「娘お安」にやつさせ、実は姫宮であることを皇祖に偽ったという、「万世一系」に相反する内容であっただけに、戦前はさきほどの知盛の述懐をぼかし、安徳帝の役名は「清盛の嫡孫清若丸」(昭和十八年一月、歌舞伎座)などと改変されて上演していた。この遺風は戦後ものこり、昭和二十三年(一九四八年)二月東劇では、松本金太郎(現白鸚)の役名は「お安実は幼君」となっている。

昭和八年(一九三三年)十一月、六代目坂東簑助のちの八代目三津五郎は、源氏物語の劇化を企画した。舞台意匠に日本画の大家松岡映丘《えいきゅう》(柳田國男の弟)・安田靫彦《ゆきひこ》、舞台装置・伊藤熹朔《きさく》、顧問に坪内逍遥・藤村作《つくる》という錚々たる顔触れで、前売券一万枚を売りさばき、あとは初日を待つばかりという段階で、警視庁から上演中止の命令が下った。昭和六年(一九三一年)の満州事変、昭和七年(一九三二年)の満州国建国と五・一五事件、翌年の三月には国際連盟脱退と、日本は確実にある方向に舵を切っていた。警視庁の中止理由に「登場人物に高貴の方があること」「恋愛物語の連鎖」とある。光源氏が父帝の后藤壺女御と密通し、春宮(のちの冷泉帝)を儲けるなどという物語は、古典文学の名作であっても、「万世一系」を謳う国家体制とは所詮相容れる筈はなかった。源氏物語の本格劇化は、戦後昭和二十六年(一九五一年)三月、一大センセーションを巻き起こした九代目海老蔵(のちの十一代目團十郎。松緑の兄)の光君まで待つほかなかった。

能の世界でも「蟬丸」「大原御幸《おはらごこう》」といった天皇・皇室を扱った曲が当局の槍玉にあがり、

昭和十五年(一九四〇年)十二月には観世・宝生ら五流が「高貴の方に扮する役」が登場する能の上演を遠慮し、歌詞の上でも「皇室関係で面白からぬ節」は改訂を加えることを申し合わせたが、歌舞伎ではすでに前年から、「勧進帳」の弁慶の読み上げで、聖武天皇が最愛の夫人光明皇后の菩提のため大仏を建立したと述べるくだりを、徳富蘇峰が筆を執って「偶々霊夢に感じ給ふて、天下泰平国土安穏の為」と書き替えている。聖武天皇の「人間的動機」が封じられ、国家鎮護が強調されたのである。

松緑は、そうした時代に青春を送った。応召して中国戦線を転戦し、敵・同胞の数え切れぬ死を見てきた。だからこそ、「今の世の中はよくなった」との彼の感懐は一層の重みを持って響く。

松緑が知盛を最後に指導したのは昭和六十一年(一九八六年)四月、国立小劇場の花形若手公演で、知盛は橋之助(現芝翫)。紀尾井町の自宅稽古場での、まさに差しの稽古だった。松緑は、あの「天皇はいづくにましますぞ」のセリフは、息を継がないで一気に言うのだ、と自ら演じて見せた。橋之助がその後を継いだが、堪らず泣き伏してしまった(『芸と人』)。

松緑の全人格と、彼が生きた「時代」の重さが怒濤となって、当時二十歳の橋之助に押し寄せたのである。

三代目市川猿之助
「翁の文字身に添うまでは生きぬかん」

平成二十三年(二〇一一年)九月、三代目市川猿之助は自身の名跡を甥の亀治郎に譲って二代目猿翁を名乗り、息子の香川照之に九代目中車、その長男政明に五代目團子を襲名させる、と記者会見した。平成十五年(二〇〇三年)十一月、博多座を最後に脳梗塞・パーキンソン病の治療に励んでいた猿之助が公の席に姿を見せたのは久々のことで、かつて「猛優」と呼ばれたそのタフネスぶりを知る人間には痛々しかったが、その際披露されたのが冒頭の句である。

芝居好きならすぐに気がつくが、この句は猿之助の祖父二代目猿之助が、昭和三十八年(一九六三年)五月、孫の三代目團子に猿之助を譲り、自ら「猿翁」を名乗った時詠んだ「翁の文字まだ身にそはず衣がへ」を踏まえている。この句碑は、いまでも浅草神社の境内に建っている。

二代目猿之助(初代猿翁)は劇界の「新人」と言われた人だった。父の二代目段四郎は坪内逍遥の新歌舞伎「桐一葉《きりひとは》」に出演した際、難解な台詞に「これからの役者は学問がなければ駄目だ」と痛感して、息子を当時としては珍しい中学に進ませた。その後、猿之助は洋行、帰朝後はロシアン・バレエを採り入れた新舞踊で新境地を拓く。若手や大部屋役者のリーダーに担がれ、待遇改善と門閥打破を掲げて一時松竹を脱退、春秋座を結成したりもした（猿之助はまもなく松竹に復帰、残されたメンバーが前進座を結成した）。大衆劇を得意とし、六代目大谷友右衛門（四代目中村雀右衛門の父）と組んだ「膝栗毛」シリーズは歌舞伎座の夏の名物だった。昭和三十年（一九五五年）、当時国交がなかった中国での戦後初の歌舞伎海外公演を実現させている。

二代目猿之助は、孫の團子に名跡を譲るに際し、当初「白猿《はくえん》」を名乗ることを希望したらしい。しかし、「白猿」は五代目團十郎以来の市川宗家の由緒ある俳名であることから許されず、やむなく「猿翁」と名乗ることにした。父・二代目段四郎は、若き日師匠九代目團十郎に無断で歌舞伎十八番「勧進帳」の弁慶を演じて破門された経験を持つ。のちに許されたものの、澤《おも》瀉《だか》屋（猿之助）と市川宗家とのわだかまりは依然残っていたようだ。

猿之助は昭和三十八年五月、歌舞伎座での襲名披露では、「黒塚」の老女岩手実は鬼女を演じるはずであった。ところが、初日を前に猿之助改め猿翁、息子の三代目段四郎が病気休演、「黒塚」は急遽、孫の團子改め新猿之助が踊ることになった。

「黒塚」は能から木村富子が猿之助のために脚色、昭和十四年（一九三九年）初演された新舞踊劇。奥州安達原の陋屋に住む老女岩手のもとに、阿闍梨祐慶の一行が一夜の宿を乞う。一行をもてなすため、岩手は山に薪を採りに向かうが、留守の間決して奥の一間を覗くな、と念を押す。禁を破って奥を覗いた強力《ごうりき》(荷役の従者)は、そこに散乱する白骨を見て命からがら逃げ出す。岩手は実は鬼女で、祐慶の法力で過去の罪業からようやく救われると歓んでいた。しかし、人間たちの変心を知り憤り、正体を顕わして一行に襲いかかるが、かえって祐慶に祈り伏せられてしまう。

猿翁は岩手を繰り返し踊って終生の当り役としたが、取り分け「中の巻」の芒ヶ原《すすきがはら》で、解脱できる喜びから、月光に照らされた岩手が、自分の影法師を追って興に乗って踊る場面は、前述したロシアン・バレエの手も採り入れられて、詩情溢れる出来となっている。

襲名公演の間、孫の「黒塚」の開演時間になると、猿翁は毎日、入院先の聖路加病院のベッドの上に起き上がり、幕が閉まるまで瞑目合掌していたという。

千穐楽の三日前「黒塚」を観た猿翁は、猿之助に「お前も、これでどうやら役者になれそうだ」と言った。そして「俺はこの年になって〝黒塚〟というものを始めて見物席から見たが……たしかに何かもうひと工夫必要だ。だけど何が足りないか、この何かが今の私にはわからない。これはお前がみつけてくれ……」(『猿翁』)。これが祖父の遺言となった。

祖父に続いて、父段四郎もまもなく亡くなる。劇界の孤児となった猿之助の徒手空拳からの軌跡は周知の通り。自身の勉強会「春秋会」による古典狂言の復活。「四《し》の切《きり》」の狐忠信の宙乗りで大当たりを取って以降は、「ケレン」に象徴される歌舞伎の前近代のエネルギーに着目、「猿之助歌舞伎」を推進した。その眼は異分野を横断しての「スーパー歌舞伎」、オペラ演出と多岐にわたった。

永遠の新人・二代目猿之助は、「翁」の字は「まだ身にそはず」と含羞を込めて詠んだ。その孫三代目の「身に添うまでは」は、青年であり続ける決意表明であり、そこに役者の業を見る。

最盛期はその精力的な舞台で観客を倦ませるということを知らなかった人だけに、正直「猿翁」と呼ぶのは私には抵抗がある。だから表記もあえて「三代目猿之助」とした。彼は、いまだに祖父に託された「何か」を探す途次なのであろう。

七代目尾上梅幸
「ビデオで覚えて、いっぱしの役者になったと思うのは、思い上がりもはなはだしい」
（『拍手は幕が下りてから』より）

大正十四年（一九二五年）二月、梅幸が十歳、まだ「丑之助」を名乗って子役だった頃、市村座「鼠小紋東君新形《ねずみこもんはるのしんがた》」（「鼠小僧」）で蜆《しじみ》売りの三吉の役で出た。雪の中、父六代目菊五郎演じる占者稲葉幸蔵実は鼠小僧の家を、三吉が知らずに訪ねてくる場面。初日前に自宅で菊五郎に稽古をつけてもらったのだが、梅幸少年の歩き方が気に入らない。

「そりゃあ畳の上の歩き方だ」（『拍手は幕が下りてから』）。寒空の中、刺し子の筒っぽ・紺の腹がけに膝の切れた股引・草鞋履きという姿で凍えるという実感がない。折しも、朝から雪。一面銀世界の庭を、梅幸少年は歩かされた。何往復かするうちに、足の感覚がなくなってきた。腫れあがった足で座敷に上がると、父は暖めるのを許さず、「今すぐ歩け」と命じた。

「おおできた。そのイキでやるんだ。いまの気持ちを忘れちゃいけないぜ。誠三（本名）、さぞ寒かったろう」。抱きしめられたときの暖かい感触を、梅幸は忘れることが出来なかった。

青年期の「娘道成寺《むすめどうじょうじ》」の稽古も、峻烈だった。深夜に及び、その間菊五郎は梅幸に一滴の水も飲ませない。一息ついてしまうと踊りが崩れ、「白拍子花子」から元の梅幸に戻ってしまうからだ。その代わり、スライスしたレモンを口にふくませる。「甘えか、酸っぺえか」。「酸っぱいです」と答えれば稽古は続く。本当に疲れてくると、レモンは砂糖のように甘く感じるものだという。

これらの挿話は、六代目菊五郎がいかに肉体の「実感」を重視したかを物語っている。梅幸少年が足で覚えた寒さの実感は、三吉という役の性根を彼に記憶させ、三吉の「型」を血肉化させる。レモンの酸味で知った自身の疲れの目安は、舞踊を組み立てていく時にどれだけ役に立つか知れない。

こうした修業を重ねた人だけに、「ビデオ本位」を戒めた梅幸の叱責は重い。この傾向は近年取り分け酷くなっているのではないか。ビデオはあくまで映像であって、役者の呼吸までは映さない。しかも、主役中心にクローズアップされるので、肝心な時のワキの役者の仕種、居処がわからない。収録日たまたま間違えて演じてしまったものが、「型」として踏襲されてしまったという笑えない話もある。

かつては「定後見《じょうごうけん》」といって、自分の出番が終わっても、先輩の芝居を舞台下手の幕溜まりで座って観ていたものである。梅幸もそうした修業をしたものだった。父六代目が劇場から帰ると、食卓を囲んで梅幸や松緑ら若手たちと芸談義になる。時には指名されて、その月のほかの役を急遽「やって見せねえ」となる。少しも気が抜けなかった。今は自分の出番が済むと帰宅してしまう人が多いようだ。

歌舞伎座で毎月歌舞伎がかかるようになったのはここ三十年の現象で、それ以前は芝居がない月など先輩のもとに通って教えを乞い、役をじっくり研究する余裕があった。現在のように正月に大阪含め五座で一斉に歌舞伎が幕を開ける盛況ともなると、初役を振られた役者がビデオに頼ってしまうのも、無理からぬことかも知れない。

梅幸の「一本刀土俵入」《いっぽんがたなどひょういり》のお蔦は名品で、序幕取手宿の安孫子屋で、名もない取的《とりてき》に櫛笄を恵む情愛や、大詰、追手への茂兵衛の頭突きでその前身に思い当たり「思い出した!」と万感迫る表情が国立劇場の記録映画に遺されている。梅幸は大詰で亭主の辰三郎がいかさま博打をして逃げ帰ったとき、お蔦が戸を開けて階段を上がる場面の足取りを悩んでいた。水商売出身のお蔦には、それにふさわしい上がり方があるはずだ、と。

そんな折、湯河原に湯治に行った際、旅館の番頭のひと言に閃いた。素人の女性か、玄人の女性かを見分けるのは、梯子段を上がる時だというのだ。どんなに身分を隠しても、玄人は普段から昇り降りしているので、身のこなしが実に軽い。素人は一歩一歩慎重だ。梅幸はさっそくお蔦の演技に加えたという。
そんな工夫は、それこそビデオに映るはずもない。

初代松本幸右衛門
「たとえ通行人の役でも、その場に初めて出て来た人間か、それとも年中往き来している人間か、ということを考えてから歩きなよ」
（『花の脇役』より）

幕が開いて間もなく、時代物なら腰元や諸士がズラリと並んで、これまでの経緯を説明するセリフを渡していく。世話物の場合、寺社の場面など参詣客の男女が行きかい、時にちょっとした芝居がある。これを「埃鎮《ほこりしず》め」という。何でもないように見えて、その芝居の通奏低音を決める大事な役だ。河竹黙阿弥の芝居など、彼らのひと言に本筋への重要な伏線が仕込まれていたりする。
掲げたのは、八代目市川中車の門弟の中之助、のちの初代幸右衛門（平成二十三年没）への教えである。八代目中車は初代猿翁の弟で、「助六」の意休はじめ時代世話の老練な老け役。ラジオドラマでの名朗読でも知られた。幸右衛門は小芝居から叩き上げた苦労人で、のちに高麗屋一門に移り、加賀屋歌江「葉月会」の副将格など、ワキとして欠かせぬ人だった。

中車の教えは、元禄の名優・坂田藤十郎の言う「乞食袋」に通じる。

役者は算盤や手跡など習う必要がないという話に、藤十郎は言う。「いや〳〵さにはあらず。役者の芸は乞食袋にて、当分いらふが入《いる》まいが、何にても見付次第ひろひ取、袋に入て帰りたるがよし。入ものばかり用に立、いらざるものはとつて置、入ル時出すべし。ねからしらぬ事はならぬもの。巾着切の所作なりとも、能《よく》見ならへ」（『役者論語』「耳塵集」）と。

六代目菊五郎も、嗣子梅幸に「表を歩くときもぼんやり歩くな。役者ならなにかしら得るところがあるものだ」（『拍手は幕が下りてから』）と諭している。これは菊五郎若き日の苦い経験に基づいている。

明治三十六年（一九〇三年）五月、歌舞伎座。菊五郎が前名丑之助から襲名した翌月、九代目團十郎一世一代の「春日局」の舞台である。團十郎の家康が、供の一人である菊五郎に舞台で突如「茶を一服所望致す」と言った。まったくのアドリブ。菊五郎は信玄袋のようなものを持っていたが、茶道具の用意はしていなかった。赤面し俯く菊五郎に、團十郎は「用意はないか、愚か者じゃのう」と笑って本筋に入った。

翌日から野点に必要な道具を小道具から借りて袋に詰めて出たが、千穐楽までまったく声が掛からない。楽の日に楽屋に呼ばれて袋の中を改めた團十郎は「よしよし、その心がけを忘れると、役にならないぞ」（『六代目菊五郎評伝』）。

長じて、同様のテストを菊五郎は弟子たちに課した。鈴木泉三郎「次郎吉懺悔」の舞台（大正十二年二月、市村座）で女中に「どこの生まれだ」。この時は「東京」と答えてしまって落第。次も同じように聞かれて「江戸」と答えると「江戸のどんな所だ」「深川でございます」「深川の御神酒所《おみきしょ》はどこだ」と二の矢三の矢が飛んでくる。

七代目芝翫は、ある芝居で下女の役で菊五郎演じる客に、持って行った湯呑を倒されてしまった。あいにく、芝翫は手拭を持って出ていない。菊五郎はわざわざ手拭を二本持っているのである。「ああ、いいんだよ」と自分で拭いてしまう。知らない観客からすれば、こんな芝居なのかというくらい自然だ。ここで芝翫が「（お茶を）入れ替えて参りましょうか」と言うと、菊五郎は「いやいや、そんなに気を使わなくていいんだよ」。

ここで知らん顔をして行ってしまえば、例の二の矢が飛んでくるところだったわけで、菊五郎は後で「手拭を持っていないのは、心得としていけなかったけれど、後のやり方は良かった。これからは気をつけるんだよ」（『芝翫芸模様』）と言ってくれたという。

ワキ役ひとりに至るまで、どれだけその役になり切っているかが、歌舞伎のリアリティを支えていたのである。

菊五郎の女婿である十七代目勘三郎がかつて「髪結新三」で勘九郎(十八代目勘三郎)の下剃勝奴にアドリブで質問を繰り出し困らせていたのを思い出す。役者というのはこうして鍛えられるのか、と思った。

とはいえ、歌舞伎に描かれた風俗習慣がまさにそのままの日常、つまり「現代劇」だったのは江戸時代の話。関東大震災と戦災は否応なく江戸の面影を東京から奪った。二代目中村又五郎は、国立劇場の歌舞伎俳優養成の講師を永らく勤め、多くの教え子を芝居に送り出したが、その際、歌舞伎研修生たちに「今、本当に可哀想なのは表を歩いても、(服装など)君達がこれからやる役に通用するモデルがいない」、ならばいろんな職業の人の特徴を覚えろ、と教えたという。

「自動車でハイウェイを飛ばすとパトカーが来る。車から警官が下りてきたらその挙動を見る。まず最初の言葉、それから何をするか。おまえはただ罰金を払えばいいんだから」(『三階さん』)。これも坂田藤十郎の言う、役者の「当分いらふが入まいが、何にても見付次第ひろひ取、袋に入て帰」る役者の「業《ごう》」と言えるだろう。

十代目坂東三津五郎

「丸岡城ほど質朴な城はありません。天守だけの小さな城には飾り気がなく、そこがむしろ、この城の魅力なのです」

（『三津五郎城めぐり』より）

『三津五郎城めぐり』は愉しい本である。

小学生の頃から大の「お城好き」であった三津五郎が、全国二十四の城を選んで、その美しさと魅力を縦横に語るのだが、披露される薀蓄も奥深く、城の偉容の背景にある歴史や息遣いまで飾り気のない筆致で描いている。

三津五郎は中学に進むと友人と城めぐりの旅を楽しんでいた。それを聞きつけた十八代目勘三郎(当時勘九郎)が「是非行きたい」と、高校生ふたりで夜行列車で向かったのが福井県坂井市の丸岡城。「人目を気にせず凜としている古武士のような佇まい」にこどもの頃から憧れていた三津五郎にとっては念願の天守との対面だった。

「誰も見てはいないけれど私はここに居る」と語りかけてくるようなその存在感に、勘三郎も「このお城、とってもいいね」と頷いたという。よほど楽しい旅だったのだろう。この時の思い出を、のちに三津五郎は勘三郎の本葬での弔辞でも触れている。

今なぜこんな話をするかというと、平成二十四年(二〇一二年)十一月十日、慶應義塾大学歌舞伎研究会OB会主催「芸談を聴く会」で三津五郎と対談した際、「「ぢいさんばあさん」の美濃部伊織が朋輩を斬った罪で預けられたのが丸岡城です。実際に丸岡城を見たことが、伊織の役作りにどれだけ役に立ったかしれません」と聞かされたことが忘れられないからである。

このとき私は「やはり八代目の孫だな」と思った。三津五郎の祖父、八代目三津五郎は、少年時代よく父親の七代目三津五郎に上野の博物館に連れて行かれ、仏像はじめ美術品に親しんだ。仏像は、荒事の見得をする際の腰の入れ方を会得させる実践であると同時に、本物に触れさせることで真贋を見抜く眼を養おうとしたのである。長じて、八代目は実に多才多趣味だった。エッセイ、骨董、茶道、懐石と、それらは実はすべて芝居に通じていた。

歌舞伎「ぢいさんばあさん」は、森鷗外の同名の掌編(大正四年)を戦後、宇野信夫が脚色したもの。美濃部伊織とるんは評判のおしどり夫婦だが、手傷を負った義弟の代わりに、伊織はるんと生まれたばかりの赤子を置いて単身京に赴任する。ある夜の宴席で、伊織はしつこく絡む朋輩の下嶋を怒りにまかせて斬る。

伊織は越前丸岡にお預け、るんは筑前黒田家の老女を勤め上げた。ふたりが江戸で再会したのは三十七年後、伊織は七十二歳、るんは七十一歳であった。

宇野の脚本も、鷗外も、伊織の丸岡での暮らしぶりについてほとんど触れていない。鷗外などわずかに「越前国丸岡の配所で、安永元年から三十七年間、人に手跡や剣術を教えて暮していた」と記す程度である。しかし、江戸に戻った老伊織の「髪が真白である。それでも腰などは少しも曲がっていない」「眼鏡を掛けて本を読む。細字で日記を附ける。毎日同じ時刻に刀剣に打粉を打って拭く。体を極《き》めて木刀を揮《ふ》る」日常は、そのまま彼の丸岡での日々の延長と見てよいだろう。三津五郎は当然、鷗外の原作を読んでいたろうし、そこで伊織が実際に呼吸し「人目を気にせず凜としている古武士のような佇まい」で今も建つ丸岡城の姿が重層化されることで、彼の中の「美濃部伊織」像はより豊かに肉付けされたはずだ。

劇中、老伊織は自ら手にかけた下嶋の墓に詣でようと言う。ここでの三津五郎の伊織には、るんとの新たな生活への決然とした響きがあった。悠久の時間に比べれば、恩讐など些細なことではないか、と。三津五郎が丸岡城で聞いた「誰も見てはいないけれど私はここに居る」という「声」が、ここにも響いていると思った。

「東京を歩いていると、坂や門、町名など、あちらこちらで〝江戸・城下町〟の名残に出会えます……東京の町を、江戸時代にあった武家屋敷を思い描きながら歩くことは、僕にとってとても楽しい時間なのです」(同書)。

これだけなら単なる歴史散歩だが、役者になると心構えが違ってくる。「天衣紛上野初花《くもにまごううえののはつはな》」の「河内山」を演じれば、三津五郎の脳裏には、これから河内山宗俊が、上州屋の娘・腰元浪路を救うべく上野寛永寺門主の使僧・北谷道海と名乗って乗り込んでいく松江出雲守十八万石の広大な上屋敷が具体的にイメージされる。

「(初演)当時は、権威もあれば、武力もあるその上屋敷の様子を、観客はまだ想像ができたでしょう」(『坂東三津五郎 歌舞伎の愉しみ』)。そこに、直参とはいえ、たかだか御数寄屋坊主の宗俊が単身乗り込み、最上級の座敷である上書院に出雲守本人を引っ張り出して対決する姿に、観客は溜飲を下げたというのである。三津五郎の文章を読んでいると、退路を断って長廊下を上書院に進む河内山の豪胆と、事を終えて退出する際の「玄関先」までの距離が、スリリングに浮かんでくるようである。

余暇と見えた三津五郎の「城めぐり」。一見芝居に縁がないようで、実は祖父八代目の多才同様、立派な「芸談」なのであった。

三代目尾上多賀之丞
「善人をやるなら、中に持っている悪を探せ。そして、その悪をチラッと出す。すべてがいい人というのはいない」

（『人間国宝 尾上多賀之丞の日記――ビタと呼ばれて』より）

「平成の芸談」という範疇からすれば、昭和五十三年（一九七八年）六月、九十歳で長逝した多賀之丞は無論選外である。しかし、平成二十二年（二〇一〇年）、その日記が公刊され、「盲長屋《めくらながや》梅加賀鳶《うめがかがとび》」のおさすりお兼から「先代萩」の栄御前まで、戦後の菊五郎劇団を支え続けた老女形の光と影が改めて浮かび上がったことを触れないわけにはいかない。

六代目菊五郎は、女房役者運に恵まれない人だった。気心の知れた三代目尾上菊次郎が早世したあと、四代目河原崎國太郎、二代目市川米升を相次いで亡くす。そのなかで、小芝居「宮戸座」の看板役者であった五代目市川鬼丸が六代目の眼鏡に叶い、大正十年（一九二一年）、「後妻」として一座に迎えられた。昭和二年（一九二七年）には三代目多賀之丞を襲名する。しかし、彼の周囲の空気は冷ややかだった。

歌舞伎の世界では、父より年上の先輩を「おじさん」、年下を「にいさん」と呼ぶ習慣がある。時代が下るが、現澤村田之助が多賀之丞を「おじさん」と呼ぼうとすると、父(澤村曙山)が「樋口さん(本名)でいい。あの人はおじさんじゃない」(『人間国宝 尾上多賀之丞の日記』)と言ったという。このわだかまりの源は、多賀之丞が「ビタ」、すなわち小芝居出身だったからである。ビタは旅役者の「旅」を逆にしたものとも、粗悪な金銭という意味の「ビタ銭」から来ているとも言われる。小芝居を軽蔑し切っている菊五郎は、時に多賀之丞を門弟の前で罵倒したという。

多賀之丞は宮戸座で、「田圃の太夫」四代目澤村源之助に鍛えられて腕を磨いた。「忠臣蔵」なら勘平、判官、若狭之助、おかる、戸無瀬、何でもござれの人だっただけに、こってりとした芝居には一家言持っている。しかし、六代目菊五郎の芸風はひとことで言えば「あっさり」で、「野崎村」「堀川」「五斗三番」など義太夫狂言に新演出を加えた「六代目歌舞伎」も、心理をリアルに掘り下げていく行き方だった。多賀之丞は息子の菊蔵に、「クサイことができるのは腕があるからなんだ。さらっとはできるけど、煮詰めることはできないのが六代目。芝居はいろいろあって面白いんで、教科書みたいになっちゃあおしまいだ」(同書)と語っていたという。いまに通じる言葉だろう。

歳を重ねるにつれ、多賀之丞の役も下世話な女房役、老女役に移っていく。さきほどの田之助は、「暗闇の丑松」のお今で、「二階から下りて来て、人差し指で障子の桟を二度こするのです。若い者の掃除が行き届いているかどうか、そうやって見るのです。女性の性格が出るでしょ。教えていただきました」(『澤村田之助むかし語り』)と回想している。けだるく、底意地悪い女が目に浮かぶようである。

冒頭の発言は、得意役の「加賀鳶」の女按摩お兼について、女優の山田五十鈴に語ったものである。多賀之丞のお兼が、舞台が回っている時に火鉢の炭に灰をかけ、客席から見えなくなるまで芝居をしていた。なぜ悪い女が家を火が出ないように大事にするのだろう、「悪は悪でいいんじゃないのですか」と訊ねると多賀之丞は、「それではだめ。そういう女ほど、自分の家に悪いことがあってはいけないんだよ。道玄がお兼を好きになったのは、女らしさとかそういうところではないのか」(『多賀之丞の日記』)と答えたという。「善」の中の「悪」、「悪」の中の「善」。物事を簡単に割り切らないこの人間把握は、「ビタ」と蔑まれ辛酸を舐めた日々に培われたものと思えてならない。

多賀之丞の「日記」は昭和三十年(一九五五年)から没するまでの記録で、毎月の稽古や楽屋での出来事、鏑木清方・安藤鶴夫らとの交流が淡々と記されているが、頁を繰ると時に烈しい文字が目に飛び込んでくる。

例えば、二代目猿之助が孫の團子に三代目を譲り、自分は「猿翁」を名乗りたいと市川宗家に申し入れたところ、「市川家に猿翁と言う名は無い」と断られたと書き、「おくれた話しであきれる」と宗家の事大主義を嗤っている(昭和三十八年三月十一日条)。昭和四十一年(一九六六年)、初芝居の歌舞伎座「恋女房染分手綱《こいにょうぼうそめわけたづな》」(「重の井子別れ」)の舞台稽古では、「梅幸氏の重の井いくら教へても科白の気分出ず。勘九郎坊や(十八代目勘三郎)の三吉は申分無いので助かる、義太夫を稽古仕ない役者は時代物はしょせんは無理。考へる可し」(昭和四十年十二月三十日条)と容赦がない。多賀之丞と梅幸、義太夫を必須として育ったか否か、「学校」(芸風)の違いが顕わになった格好だ。

かと思うと、「前進座寺田と松山両君来訪有、奴の小万と鬼神のお松の事に附いて話し夕方まで雑談して部屋へ帰る」(昭和四十四年八月十一日条)。「寺田と松山両君」とは、前進座の五代目嵐芳三郎と五代目河原崎國太郎。芳三郎は宮戸座時代の多賀之丞の部屋子で、弟分だ。「奴の小万」も「鬼神のお松」も、男装の女賊が主人公の幕末の頽廃的な「悪婆もの」である。源之助に親炙した多賀之丞の薀蓄は、「菊五郎劇団」では生かされることがなかった。

「西欧」「近代」と対峙することで、歌舞伎がよりリアルに変質していくなかで、昔気質と反骨を貫いた最後の役者が多賀之丞だったのかも知れない。

初代市村橘太郎
「ぱあっと決まっちゃいけないんです。目立たないよう目を伏せる」
（『三階さん』より）

平成三十年（二〇一八年）五月、歌舞伎座「團菊祭」。「青砥稿花紅彩画《あおとぞうしはなのにしきえ》」（「弁天小僧」）の大詰、極楽寺大屋根上での菊五郎の弁天と、からみの捕手たちの立廻りに思わず見惚れてしまった。

菊五郎にとって弁天は昭和四十年（一九六五年）六月の東横ホール以来、半世紀の当り役で、私も数限りなく観ている。さすがに以前に比べ激しい動きは抑えている。それでも美しかったのは、菊五郎の身体から発散する爛れた色気と、立廻りのカドカドで極まる時の形の良さ、それに呼吸をピタリと合せた捕手たちの動きの快感だった。幕末明治の国周の芝居絵そのままの「絵面《えめん》」。その静止した一瞬に、私は菊五郎の祖父・六代目菊五郎の晩年の弁天の立廻りを撮った木村伊兵衛の舞台写真を思い出した。ジッと観ていると六代目が動き出しそうである。静止の中に、次の動きへ移る呼吸まで、木村のレンズは捉えていたのだ。

その絵面を構成する捕手たちは、あくまで「からむ」ことでシンの役者を引き立てる存在だ。

橘太郎のことばはその行儀を言っている。「ダメだよ、おめえ。半眼にしなくちゃいけない」。目立ってはいけないのである。背景に徹する。シンの役者の手を摑むときも「嘘をまことにみせなきゃならない。やってるほうはちょっと触っているだけなんだけれど、見ているほうにはぎゅっと握っているように見せる」(坂東八重之助の甥・九代目市川團蔵談。『三階さん』)のだという。

菊五郎劇団の結束の強さ、とりわけ名題下たちによる立廻りの鉄壁のチームワークは有名だ。それを指導したのが名タテ師坂東八重之助で、「小金吾討死」「蘭平物狂《らんぺいものぐるい》」「丸橋忠弥」などの大立廻りを工夫してきた。十七代目市村羽左衛門の弟子である橘太郎(発言当時は坂東橘太郎)も、八重之助に厳しく育てられた一人だ。「坂東うさぎ」と名乗っていたころの名子役ぶりも懐かしいが、大立廻りでしゃがみこんだ数人の捕手(あるいは花四天)の上をトンボで一気に飛び越す「返り越し」の鮮やかさといったらなかった。

トンボが返れるのは彼らばかりではない。いまの菊五郎や吉右衛門も、若い頃からトンボに親しみ、吉右衛門などかつて「土蜘《つちぐも》」の花道の引っ込みで返って見せ、大柄なだけに実に豪快だったという。彼らが稽古にいそしんだのは、自分が返るためだけではなく、からみを返すのに間がわかっていなければならないからだ。

さきほどの團蔵も「この頃、トンボ返るのに自分で「フッ」と言う人がいますけど、とんでもない。シンが「フッ」と言って、ポンと返すものでしょ」(同書)と苦言を呈している。トンボを「返る」のではなく「返す」。ここに、シンの役者とからみの立位置の違いがよく表れている。

橘太郎は、八重之助からこんな話を聞いている。

「六代目さんの権八(『鈴ヶ森』)でもって居所立ちがあるんです。「俺の刀見てりゃ大丈夫だから」と六代目さんに言われ、刀見てると返れたんですって。そのうち「俺は返れるんだ!」(と、鼻ターカダカ)と思ったら、刀をすっと引かれちゃったんですって。そしたらダダダダダと崩れちゃった。「俺は返してもらってたんだな」と言ってました」(同書)。

「からみ」は、あくまで主役あっての「からみ」であって、自立した存在ではないことがここでも明らかである。六代目菊五郎は、八重之助に自分の刀を見ろと指示することで、八重之助にトンボを返るキッカケを与えてやった。八重之助は自分で返ったのではなく、六代目の呼吸に合せて初めて返れたのである。慢心していると、六代目は途端に刀をすっと引く。間を外されては、トンボの名手八重之助も総崩れになるしかない。

冒頭、私を魅了した極楽寺大屋根の立廻りの美は、シンとからみの両者がその呼吸を互いに知り尽くしているからこそ生まれたのである。

大立廻りでも「丸橋忠弥」など百数十手も手数がついていて、良く間違えないものとハラハラしてしまうが、橘太郎の師・羽左衛門は「からみの役者の顔で覚える」(『歌舞伎の表現をさぐる』)のだと言っている。この捕手が絡んできたら何をする、ということを身体で覚えるわけである。近年は国立劇場の俳優養成を経て名題下の層が厚くなったとはいえ、地方を含め三座四座と公演があると、立廻りに普段出ていない役者が混じることもあるという。そうした微妙な呼吸の乱れは自ずと舞台に出るものらしい。

自分という存在を殺し、シンを立てることに生き抜く、というのは八重之助の時代はともかく、現代ではますます難しくなっているかも知れない。しかし彼らこそ、歌舞伎の「絵面」の美を支える、なくてはならぬ存在なのである。

六代目中村歌右衛門
「お前さん、舞台に馴れちゃいけないよ」

(『歌右衛門合せ鏡』より)

現芝翫がまだ中村幸二(本名)の名で出ていた頃の、名子役ぶりは忘れられない。昭和四十八年(一九七三年)三月、国立劇場「恋女房染分手綱《こいにょうぼうそめわけたづな》」(「重の井子別れ」)では、歌右衛門演じる生みの母・乳人重の井を相手に馬子の三吉を演じた。せっかく巡り会えた母子は、さまざまな世のしがらみで再び別れなければならない。「坂は照る照る、鈴鹿は曇る」。幕切、幸二の三吉の唄う哀切な馬子唄が今も耳に残っている。

この舞台の中日《なかび》を過ぎた頃、当時七歳の芝翫少年が幕開き前に初めて歌右衛門に叱られたのがこの言葉である。「子供だからって甘やかしたりしないで、共演する一役者としてぼくを扱うんですね。あとで思うと前の日にきっとぼく笑い顔したんだと思います。このとき舞台の行儀というものを強く認識させられました」（芝翫談。同書）。

名子役と持て囃されれば、誰でも舞い上がる。そのなかで、芝翫が三吉から中村幸二という「素」に戻った一瞬を、歌右衛門は見逃さなかったのである。

「ほめられる」怖さを歌右衛門は次のように言っている。「ほめられても鵜呑みにしないこと。若い人は誰も芸が利口ですよ。歌舞伎は特にそうみえないようにしなくてはなりません。利口に思われたらばだめです。最初は利口でもいい。いくつになっても利口が見てとれるようではだめです。そこが他の芸術との違いです」（『女形　六世中村歌右衛門』）。

歌右衛門の言う「利口」は、単なる劇界遊泳の処世術でも、利口が駄目なら「馬鹿になれ」ということでもない。慢心して、自分が高みにいるのだと一度でも思ってしまえば、もはや芸への向上心がなくなるし、先輩もそんな若手には教えても無理だと思うだろう。「若い俳優は役を知っているのがいけない。役ずれがしているのよ。たとえば一回、「道成寺」でも何でもやるでしょう。二度目に聞きに来ないんだから。おまえさん、(今度は「道成寺」で)「道行」なんかやっているのかい？　というようなもの」(「歌舞伎　研究と批評17」)とは歌右衛門。

六代目菊五郎は「知らないことは知らないと言える役者になれ」と後輩を諭した。「できないだろうと思ってやったら駄目だぞ。やろうやろうと思って、そこへ到達しないんだったらいいけれどもな」(『芝翫芸模様』)。最初から「できないだろう」と思うのは、その役者が「利口」だからだろう。むしろ、目標には到達できなくても、そこに至る過程こそ尊いのである。

歌右衛門は真女形であったが、歌舞伎座客席奥で舞台進行をチェックする「監事室」で「勧進帳」の舞台を観ながら、弁慶・富樫・義経のせりふ、仕種を見事にやってのけたという。それだけ、芝居の隅々を熟知し、後輩への注文も鋭かった。

長男の中村梅玉が最も叱られたのが、「忠臣蔵」九段目の大星力弥だったという。「何もすることのない役なんですよ。障子をバタバタッと倒してみせるくらいで。どんなところを怒られたかというと、本蔵が手負いになってから述懐しますが、それを聞いてる間がなってない、というんです」(『歌右衛門合せ鏡』)。

桃井若狭之助の家老・加古川本蔵の娘小浪と、大星由良之助の嫡子力弥は許婚同士。ところが、由良之助の主君塩冶判官《えんやはんがん》が高師直《こうのもろなお》に刃傷に及んだ際、居合わせた本蔵が咄嗟に抱き留めたので、判官は本意を遂げられなかった。京山科に閑居する由良之助一家の許に嫁ぐべく、本蔵の妻戸無瀬が娘小浪とやってくるが、由良之助の妻お石は手厳しく拒絶する。そこに虚無僧姿で現れたのが本蔵で、わざと力弥の槍に突かれ、師直の屋敷の絵図面と自らの命と引き換えに娘小浪の後事を託す。

「障子をバタバタッと倒してみせる」というのは、「雪持竹」といって、雪の重さでたわんだ竹をバネにして、大星父子が師直邸の雨戸をはずす工夫を見せるくだりである。浄瑠璃本文では由良之助の仕事だが、歌舞伎では力弥に演じさせることで若衆の凜々しさを強調している。しかし、歌右衛門が問題にしているのはそこではなかった。「何日たっても怒られました。自分ではちゃんと本蔵の台詞を聞いてるつもりなんだけど、歌舞伎はその役になり切るだけじゃ駄目で、それを芸として表に出さなきゃいけない。聞いてるのはわかるけど、それが表に出ていない、っていうんです」(同書)。

「その役になり切る」のは、近代劇とも共通する芝居の基本である。この時の力弥の胸中には、様々な想いが去来していたはずだ。本蔵の本心も知らず、将来の舅を手に掛けてしまった悔恨。自らの白髪首を差し出してまで、最愛の娘を力弥の嫁に、という本蔵の親心の有難さ。それを表に出せという。梅玉も悩む。本蔵の言葉に力弥がいちいち反応すれば、リアルで俗っぽくなるだけではないか、と。

歌右衛門が求めたのは、前述した力弥の想いを肚に収め、それを「思入れ」と呼ばれる無言の演技で、身体から滲ませることであった。しかもそれは、いま瀕死で述懐している本蔵役者の邪魔にならず、引き立てるのが行儀である。そこから自ずと力弥の品格が匂いたち、「役になり切る」演技は初めて「芸」となる。

「自分で考えなきゃいけない。……最後まで悩みに悩んだけど、別段よくなったとも言われず、無理難題を出されたままでしたね」(同書)。

演技から芸へという歌右衛門の問いかけは、平成以後の役者にとっても重い宿題であろう。

第二章　「型」というもの

團十郎の弁慶．平成23年7月新橋演舞場

七代目尾上梅幸

「怒り《いか》が込み上げてくるところで、六代目に「前の庭を見ろ」といわれた」

（『歌舞伎の見方』より）

「仮名手本忠臣蔵」三段目「松の間刃傷の場」の舞台面には、もとより「前の庭」などない。ここで言うのは、塩冶判官（実説の浅野内匠頭）役者がこころの中に想い観る庭である。

芝居道では塩冶判官は「判官様」と呼ばれる。こうした敬称がつく役は「東海道四谷怪談」のお岩（四谷様）、「菅原伝授手習鑑《すがわらでんじゅてならいかがみ》」の菅丞相《かんしょうじょう》（実説の菅原道真。丞相様）、「佐倉義民伝」の佐倉宗吾（宗吾様）ほどしかない。その共通項は、恨みを飲んで死んでいった怨霊、崇め奉られるべき「御霊《ごりょう》」だからである。

今の歌舞伎では割愛されているが、四段目の「判官切腹」で判官は「湊川にて楠正成。最期の一念によつて生を引くと云ひし如く。生きかはり死にかはり。鬱憤をはらさん」と述べている。塩冶判官高貞はもともと南朝から北朝に降参した武将だけあって、そこには同じ南朝の正成の「七生報国」の情念が暗く影を落としている。

「判官切腹」は今でも「通さん場」といって、開演中の観客の客席への出入りを禁じているし、かつては切腹した判官役者は菩提所光明寺(泉岳寺)に向かう乗物に乗ったまま自宅へ帰ったというのは、ひとえに「判官様」への鎮魂の思いを込めたのだろう。

私がこれまで観た判官役者で第一を挙げるとすれば、七代目尾上梅幸にとどめを刺す。とりわけこの三段目で、花道を長裃姿で悠然と進む最初の出からして、大名としての気品、鷹揚なやわらか味は他の追随を許さなかった。

掲げたのは、その梅幸が父六代目菊五郎から聞かされた芸談であり、梅幸に傾倒していた十八代目勘三郎も、『芸づくし忠臣蔵』で類話を語っている。

塩冶判官の妻顔世《かおよ》御前に懸想している高武蔵守師直(実説の吉良上野介)の元に、顔世からの返歌が届く。「さなきだに重きが上の小夜衣わがつまならぬつまな重ねそ」。新古今の名歌に託した拒絶である。さては夫の判官にも知らせたな、と邪推した師直は、判官をネチネチと苛め始める。

まずは、器量の良い奥方の傍にへばりついていたから、登城が遅くなったのだろうという当てこすりから始まる。判官は師直が何を考えてこんな仕打ちに出るのか皆目見当がつかないから、嵐が過ぎ去るのをただやり過ごしている。この「刃傷」、通称「喧嘩場」は、大名の喧嘩でなければならない、と芸談でも喧しく言われる。判官には、如何にも鷹揚な性根が求められるのである。

雲行きが怪しくなってくるのは、師直が世間知らずの例えに「井の中の鮒」を持ち出した頃からだ。判官も師直の意を大概察しはじめる。菊五郎の言う、判官が庭に目線を遣るのはこの辺りである。渡辺保も「人間は怒りの感情を抑えようとすると、無意識に遠くを見る」(『歌舞伎の見方』)といっているが、そうした心理的裏打ちと同時に、判官役者に実際の舞台からは見えない「庭」を意識させることで、舞台空間をより立体的なものに生かしている。

「仮名手本忠臣蔵」は、物語を太平記の世界(南北朝)に置き換えているので、この場は「鎌倉・足利館松の間」、すなわち足利直義の居館であると同時に、江戸城本丸白書院・松之御廊下でもある。溝口健二監督の映画「元禄忠臣蔵」(松竹・興亜映画。昭和十六年)や、最近再現されたものを見ても、松之御廊下の前には広々とした白州の中庭がある。菊五郎の「庭を見ろ」というリアルな指定のひとことで、教えられた役者も、そして観客である我々も、虚構の足利館の上に、史実の江戸城の偉容が見事に重層化されてくるのだ。

努めて堪えていた判官の耳に、師直の聞き捨てならない嘲弄が飛び込んでくる。「鮒侍だ」。

仮初にも伯耆一国の城主をうろくず(魚)に例えるとは。「気が違うたか、武蔵守」。意を決して師直に対峙した時の、梅幸の判官の憤怒が凄まじかった。恐らく他者の悪意など知らずに育ってきた人間が、初めて尊厳を傷つけられた時の顔。「本性だ」という師直に、怒りに任せ思わず刀に手をかけたものの、「殿中だッ」のひとことでハッと我に返る。

「仮名手本忠臣蔵」の本文、すなわち人形浄瑠璃・文楽では、ここはストレートに刃傷に及ぶのだが、歌舞伎は一拍置く。実説の浅野内匠頭は刃傷の動機について「不審に存ずべく候」としか言い残さなかったが、芝居だとこれでもかという師直の苛めに必死に耐える判官の苦衷と動機が、この一拍で一層引き立つ優れた工夫だ。

師直は判官が無抵抗と見て、嵩に懸かって「斬れ斬れ」と身体を摺り寄せてくる。その時の梅幸の判官の貌に、一瞬凄まじい憎悪と殺気がよぎる。そのあと、判官が観るのは客席の向こうである。しかもそれはもはや先ほどの「庭」ではない。国許伯耆の家臣とその家族たち、そして家老大星由良之助の顔、顔、顔。ここで道を誤れば、御家は断絶、彼らは路頭に迷う……。「この手を突いて、お詫び仕る」。この時の梅幸の表情で何度暗涙を催したことだろう。すべては、確固としたハラを持った上での思入れの芸である。

結局、判官は、「饗応役の全てはそなたではなく相役の若狭之助殿に教える」という師直の非情なひと言でついに堪忍袋の緒を切ってしまう。

「庭を見ろ」といっても、外見的には客席を見ているに過ぎない。そこから観客に江戸城の偉容から判官の無念まで、様々なイメージを想起させるところに、六代目菊五郎のこの警句の得も言われぬ「奥行」があるのである。

十二代目市川團十郎

「おまえ、それは市川家の格じゃないよ」といいたい部分もございます。でも一方で「とにかくやるだけやってみろ。それから文句をいわれたほうがいい」と思うんです」

（『團十郎の歌舞伎案内』より）

海老蔵の若き日、とりわけ新之助時代は、まさに「抜き身の刀」であった。弁慶にせよ弁天小僧にせよ光の君にせよ、新之助(芸名)堀越孝俊(本名・当時)を超えて、その人物がそこに居るかのような実在感。花川戸の助六など、渋谷センター街を闊歩する現代の若者のような存在感を発散させつつ、それが決してナマになっておらず、「歌舞伎十八番」の枠にピタリとはまっていること。その驚きが、私に『市川新之助論』を書かせるきっかけになった。

海老蔵の活躍は、古典のみならず他流試合や実験歌舞伎にも及んだ。冒頭のひとことは、平成二十年一月新橋演舞場「雷神不動北山桜《なるかみふどうきたやまざくら》」の大詰で、海老蔵が見せた不動明王の空中浮遊のイリュージョンへの感想である。「不動」は歌舞伎十八番のひとつに数えられ、成田不動を信仰する市川團十郎(あるいは海老蔵)自身が不動明王に扮して示現する。それまでは仕掛など使わず、ドッシリとした役者の風格が問われたのだが、海老蔵は新橋演舞場の舞台にポッカリと浮かんでみせた。そんな息子の姿を、ハラハラしつつ優しく見守っていた父親の眼が行間から覗く。「市川家の格」、その重さを身にしみて感じたのは、ほかならぬ團十郎自身であったろう。「市川團十郎」の名跡が重いのは、夭折した三代目・六代目を除き、代々名優を輩出し続けたというだけではない。初代が創始した荒事や、「不動」などの神霊事は、その成田山信仰と相まって、「江戸の飾海老」「役者の氏神」と称せられる一種の宗教性さえ付与するに到ったのである。

初代以来の血脈は、明治の名優九代目團十郎の死後絶えた。それを復活したのが、市川家と縁の深い松本幸四郎家から養子に入った十一代目だった。永らく空位であった團十郎の権威を恢復していくのは容易なことではなく、息子の十二代目は周囲と衝突し、苦闘する父親の姿を幼い頃から見て育った。

それに比べて十二代目の子である海老蔵は、「生まれながらの市川家の嫡子」であったが、苦労知らずというより、将来團十郎を襲名するほか選択肢がない人生には父以上の苦悩があったらしく、「勧進帳」初演の初日にひとり家出してしまったほどであった(『新生』)。海老蔵のぶつかった壁、これも「市川家の格」であった。

市川家の宗教的性格は、自らこそ「江戸随市川」=江戸歌舞伎の正統という意識と表裏一体であった。落語「中村仲蔵」で知られる「忠臣蔵」五段目の斧定九郎の扮装を、今のような写実な悪浪人に改めようとしたのは、初代仲蔵ではなくて、五代目團十郎だった。五代目は、父三代目海老蔵(四代目團十郎後名)の主宰する勉強会「修行講」で父に相談したが、父は一言のもとにはねつけた。

「團十郎は左はせぬものなり」(「寿阿弥筆記」)。

一時の流行や思いつきに安易に流されず、王道を往くのが市川家の格ということだろう。とはいえ、その後五代目の孫七代目は四代目鶴屋南北と組んで早替りにも手を染めたし、能を取り入れて、かの「勧進帳」も創造している。伝統を「守る」のではなく、自分の往く道のあとに伝統が出来る、という自負だろう。

しかし、明治以降、歌舞伎が同時代と切り結ぶのを止め、古典化した時、それはまったく別に作用する。「劇聖」として歌舞伎近代化を担った九代目團十郎と五代目菊五郎が整理した古典狂言の「型」(演出)のみが、「本格」として無批判に伝承墨守され、それ以外は「邪道」「ケレン」と蔑まれた。これもまた「團十郎は左はせぬものなり」である。

この風潮に身体を張って異議を唱えたのが三代目猿之助の「猿之助歌舞伎」。宙乗り・早替りなど「ケレン」を駆使、3S(スピード・ストーリー・スペクタクル)を掲げた復活狂言や「スーパー歌舞伎」の数々は、そのまま「本格」とは何か、という雄弁な批判であり、多くの観客の支持を得た。

その猿之助の代表作「義経千本桜・四の切」の狐忠信の宙乗りに、海老蔵が挑んだ時には心底驚いた。猿之助が体調を壊したのち「四の切」は甥の亀治郎(現四代目猿之助)、弟子の市川右近(現三代目右團次)が継承してはいたが、まさか「本格」の嗣子海老蔵とは。「四の切」が澤瀉屋だけでなく歌舞伎共通の財産となった喜びと同時に、自らの殻を破りたいという海老蔵の、痛切な思いを感じずにはいられなかった。その彼の背中を押したのは、「とにかくやってみろ」という父の声であったろう。

しかし一方で、團十郎は著書『童の心で』の中で、お客様が喜ぶことばかりやっていると方向がずれやすい、とした上で、宙乗りではなく空中に浮いたように演技するのが究極だ、と釘を刺しているのである。

若いうちには様々な冒険があってよい、しかし帰ってくるところがあるだろう、という父の眼差しが、冒頭の行間から立ち上ってくる。これから十三代目團十郎を襲名するであろう海老蔵が、「團十郎は左はせぬ」という自分自身の規範を獲得していくのかどうか。彼の舞台から当分眼が離せない。

二代目中村小山三

「よく「芸を盗む」と言うけれど、ただ芝居に出ているだけでは盗めません」

(『小山三ひとり語り』より)

ただ出てくるだけで観客が喜ぶ。役者にとってこれほどの冥利はないだろう。平成二十七年(二〇一五年)、九十四歳の天寿を全うした中村小山三はそんな役者だった。

「伊賀越道中双六《いがごえどうちゅうすごろく》・沼津」で、弁当を喉に詰まらせて四苦八苦する身重の旅の女房、「人情噺文七元結」の「角海老」で、ゾロリとした女物の着物を着た左官長兵衛に声を立てて笑う女郎吉野。「一本刀土俵入」序幕取手宿安孫子屋でチラリと出る酌婦など、酒臭さがこちらにも漂ってくるような場末の安手さのうちにしっかり色気があったし、「髪結新三」でお熊にひっそり寄りそうお菊など、何気ないようでこの人しか考えられなかった。

なかでも忘れられないのは「東海道四谷怪談」のおいろ。按摩宅悦の女房だが、裏稼業で亭主と地獄宿(売春宿)を営んでいるしたたかな女だ。そのおいろが、序幕「浅草額堂」で小間物屋姿の与茂七に「お紋という上玉が店に出ている」と誘う。

与茂七「内はどこだえ」
おいろ「北新町だよ」
与茂七「宗旨は何だ」
おいろ「法華だとよ」

十八代目勘三郎の与茂七との歯切れの良いやり取りが、齢を感じさせぬ若々しさだった。

幕内では当り役を数えて「小山三十種」という声もあるとかで、ワキ役としては稀有な存在と言ってよい。それもこれも、常に他人の舞台を観て、単なる模倣ではない研究を怠らなかった賜物だろう。その彼の傑作が、「籠釣瓶《かごつるべ》花街酔醒《さとのえいざめ》」の女中お咲である。

下野の御大尽佐野次郎左衛門は吉原一の傾城八ツ橋に一目ぼれの末入れ揚げるが、繁山栄之丞という愛人のいる八ツ橋は、満座の中で次郎左衛門に愛想尽かしをする。

その年の暮れ、次郎左衛門は吉原の茶屋・立花屋に再び八ツ橋を訪れる。「また初会となって馴染みたい」という次郎左衛門だったが、二人きりになると一転、油断した八ツ橋の裾を引き据えると、これまでの恨みと恥辱を語り、妖刀「籠釣瓶」で一刀のもとに斬り殺す。燭台の蠟燭に刀をかざした次郎左衛門は「籠釣瓶は、切れるナァ」と狂気の宿る眼で立ち尽くす。次郎左衛門は初代吉右衛門から、小山三の師匠である弟の十七代目勘三郎に受け継がれた当り役だ。

お咲は最後の「立花屋二階」に登場する。八ツ橋が斬り殺されたあと、何も知らないお咲が、用事で呼ばれたと思って「ハイハイ、ただいま」と燭台を持って下手階段を上がってくる。何気なく見上げた視線の先に、次郎左衛門の白刃が映る。思わず「アレェ」と声を上げるので、次郎左衛門が「シィッ!」と刀で払い、お咲はその場に斃れる。

この芝居では芸者が持役だった小山三は、ある日「お咲の役者が斬られる時、緋色の帯揚げがハラリと垂れた。それが血のように見えて、何とも言えない「絵面」だった」という話を聞いた。帯揚げが垂れたのはたまたま偶然だったらしいが、小山三は工夫してみようと思い、勘三郎が初役で次郎左衛門を演じる時に掛け合ってお咲に廻してもらった。

「お咲がばったり倒れてはおかしいのよね。……次郎左衛門はお咲を斬ったつもりはない。……お咲を、次郎左衛門がしーっといさめるでしょ。その声に籠釣瓶が反応してしまう。……すーっと倒れる。そこで帯揚げがハラリ」(『小山三ひとり語り』)。

帯に挟まれていたものをいかにも自然にはずれたようにして垂らすのは至難で、自分の思うように出来たと思ったのは、初役の楽日近くになってだという。

三度目か四度目かのお咲の時に、八ッ橋役の歌右衛門が小山三を舞台裏に呼んだ。「誰がやるより、お前さんのがいちばんいいよ」(同書)。

歌右衛門が褒めたのは、小山三の創意工夫も勿論だが、お咲の死に様がその直前の八ツ橋の最期という歌右衛門の見せ場の、決して邪魔にならなかったからだろう。しっかり自己主張しながら、次郎左衛門・八ツ橋というシンの二人を引き立てるのが舞台の行儀。小山三は、この二人の「呼吸」という芸をしっかり盗んでいたわけである。

五代目上村吉彌

「やっぱり歌右衛門さんという方は、あまりすうっとしたやり方では、何か気にいらんのですね」

（『一方の花　五代目上村吉弥の生涯』より）

こう語るのは、五代目上村吉彌。上方を中心に活躍した老熟の女形で、彼が勤めた「引窓」のお幸、「六段目」のおかやなどの老婆役は、その情愛の深さと仕事の確かさで、今でも瞼に鮮やかに遺っている。晩年には大立者たちがこぞって自分の演目のワキに起用した。歌右衛門もその一人だった。

狂言は「摂州合邦辻《せっしゅうがっぽうがつじ》」の「合邦庵室」。高安家の後妻玉手御前は、先妻の子俊徳丸に恋慕した上、毒酒を飲ませてその顔を醜く変貌させる。出奔した俊徳丸と許婚の浅香姫は、玉手の父・合邦のもとに匿われているが、そこに現れた玉手は、両親に俊徳丸への恋慕をあからさまに語る。激怒して娘を斬ろうとする父、慌てて止めに入る母。玉手が歌右衛門、母おとくが吉彌である。

歌右衛門が竹本の糸に乗って大時代に芝居をするので、吉彌も突っ込んで、臭く演じることにした。何しろ、吉彌がこれまでに「合邦」でやっていないのは立役の合邦と奴入平だけだというのだから、芝居運びを知悉している。

「私自身、いなかで二十歳ぐらいのころに玉手をやっています。たしかに主役の立場になると、母親のおとくにある程度、突っ込んでもらわんと、やりにくい」（『一方の花』）。

たとえば、おとくが玉手に、俊徳丸を追って家出したのは「嘘であろ、嘘であろ」と問い詰めるところは、おとくが突っ込まないと玉手の方から面映ゆげに俊徳丸への悋気が口に出来ない。

これに合邦が激昂するので、おとくは娘に切々と「剃髪して尼になれ」と掻き口説く。これに対して玉手は尼などとんでもない、「今までの屋敷風はもう置いて、これからは色町風随分派手に身を持って、俊徳様に逢うたらば、あっちからも惚れて貰ふ気」と開きなおる。文楽では、この時の言葉の語尾は「惚れて貰ふ、キ！」と撥ねるように言う。おとくが、玉手の「邪恋」の情熱を引き出す、いわば起爆剤となっているのだ。

このあと竹本の「母は意地張る娘の手、引立て〳〵無理やりに納戸へ」に乗って、玉手は正面の暖簾口に引っ込むが、上手障子屋体にいる俊徳丸に思いを遺す玉手、その手を引くおとくがタップリ芝居をしないと、引き立たない場面なのである。

「（歌右衛門がこの時）手を痛められているので、最初はこちらもずいぶん気をつかいましたけど、玉手をやる歌右衛門さんのほうがぐっと力を入れてこられる」。内にちからをじっと溜め、ここぞという時一気に迸らせるのが歌右衛門の芸風で、この吉彌の「ぐっと」には、役者ならではの実感がある。

五代目上村吉彌の生れは大分県杵築。古くから地芝居の盛んな土地で、吉彌も子役から修業して九州各地を廻った。その後、上方歌舞伎で宙乗りなどケレンを得意とした二代目市川右團次の門を叩き「右升」の名を許されるが、活躍の場はもっぱら小芝居と旅であった。若手時代には「壇浦兜軍記《だんのうらかぶとぐんき》」(「阿古屋琴責《あこやことぜめ》」)を得意とし、「右升の阿古屋か、阿古屋の右升か」と言われた。

平家の武将悪七兵衛景清の愛人・五条坂の遊君阿古屋は、景清の行方詮問のため京堀川の評定所へ引き出される。何も知らぬと答える阿古屋に、情理備わった源氏の将・秩父重忠は琴・三味線・胡弓の三曲を弾かせ、その音色に乱れがないかで真偽を見定めようとする。楽器の巧拙だけでなく、情人景清を慕う肚の芝居が要求される難曲だ。

「地方ではね、「阿古屋」の三曲ができなんだら、女形のうちにはいらんと、言われましてね」(同書)。

「阿古屋」は、大歌舞伎では十二代目仁左衛門から六代目歌右衛門が受け継いで当り芸としたが、その後玉三郎が永らく手掛け、平成三十年十二月歌舞伎座で、ようやく若手の中村梅枝・中村児太郎が継承した。戦前の歌舞伎界が小芝居・地芝居を含めていかに人材の層が厚かったかがこれでもわかる。

戦後松竹に加わり、元禄期の名女形「上村吉彌」を五代目として襲名するが、皮肉にも関西の歌舞伎は当時衰退の一途。活躍の道も閉ざされてくる。そんななかで演じた北條秀司「京舞」の三味線弾きの芸者お三重は、共演した新派の花柳章太郎から「京都の匂いがぷんぷんしますね」と激賞された。

いわば吉彌は、小芝居の若手花形を除いては雌伏を強いられた「遅咲き」の人だった。

その彼から観ると今の「ワキ役で若い人に共通して言えるのは、芝居をあまりにも知らなすぎるのやないかなあ」。

「私らの時分は何も教えてもらえません。だから、先輩方の舞台を自分の目と耳で見て、聞いて、やるより他になかった。それでも得心がいかんかったら、文楽にも通って、それをお手本にしたものです」。

平成四年、吉彌は八十二歳で逝ったが、彼のこの問いかけは日々その重さを増している。

初代中村歌江
「縄後見のころはあちこち走りまわって引っこんでくると、なんと黒衣の色の汗でした」
（『花の脇役』より）

この人は前名「加賀屋歌江」の方が私には馴染み深い。昭和二十六年、六代目歌右衛門に入門して以来、師匠の舞台をワキで支え続けた人だ。この人の声色は劇界の名物で、「俳優祭」の余興や時には本興行で、名優たちの物真似を次々に披露すると、客席が堪らず笑い崩れていたのが懐かしい。何より面白かったのは、それらが役者たちの芸への巧まざる「批評」になっていたからであり、それだけ、歌江が役者たちの挙措を日々観察していたからだろう。

歌江が冒頭で言っている「縄後見」は、「祇園祭礼信仰記《ぎおんさいれいしんこうき》」四段目（通称「金閣寺」）に登場する。天下を狙う松永大膳は、将軍足利義輝の母慶寿院を金閣寺の二階に幽閉、かねて横恋慕する狩野之介直信の妻雪姫に我が意に従えと口説く。父雪村の仇が大膳と知った雪姫は大膳に斬りつけるが逆に捕らえられ、桜の樹に縛り付けられてしまう……。雪姫は絵師雪舟の孫なので、厳密には武将・大名などの「深窓の令嬢」である「赤姫」ではないが、歌舞伎では「鎌倉三代記」の時姫・「本朝廿四孝」の八重垣姫とともに「三姫」に数えられる女形の大役である。

舞台は満開の桜のもと、絢爛豪華な金閣寺。そこに嫋々とした雪姫が縄で戒められている。大膳が「あの縛られた姿を見よ、雨を帯びたる海棠桃李……」と我を忘れる風情と、身体の自由が利かないなかでの肚の芝居双方が要求される皮肉な役なのである。

雪姫が縛られる桜は、上手(歌右衛門型)・下手(梅幸型。玉三郎も踏襲)とふたつの演じ方がある。ここに、処刑される夫直信が連行されてくる。思わず縋ろうとする雪姫だが、直信は縛られ、雪姫も縄のために近寄ることが出来ない。縄ひとつが、雪姫と直信との距離を実感させる陰の主役になっている。

「散るや桜花……」。桜の花が降りしきるなか、遠寺の鐘が聞こえ、雪姫が我に返る。大膳が父の敵であることを直信に伝えなければ。ここからが見せ場の「爪先鼠」になる。ここで雪姫は、祖父の雪舟が若き日学問を怠った罰に堂の柱に括りつけられた時の故事を思い出し、爪先で花びらを集めて鼠を描く。不思議や白鼠があまた現れ、雪姫の縄を食いちぎる。ここで大活躍するのが、縄を操る「縄後見」である。

「雪姫の動きに合せて後見が縄をゆるめたり引いたり。あれは長短自在の魔法の縄(笑)」と歌江は言う。それも、雪姫を演じる師匠歌右衛門の呼吸を知り尽くしてこそである。「ねずみが縄を喰い切って、パラリと縄がほどけるのも、自然に切れたように見せなきゃならない」。

黒衣《くろご》の「黒」は「無」。観客には見えない、本来そこには存在しないはずの仕事なのだ。

「それにはまず雪姫に糸のついた輪っかを渡しといて、雪姫が自分でその糸を引くと縄のつなぎ目がパッと切れる仕掛けですが、きちんとそうなるような渡し方をしておかないと、失敗します。ほんとに難しいったらありゃしない」(『花の脇役』)。

兄弟子たちは、喰い切るねずみを差金で遣う後見の方がやりやすいので、いつも「お前の勉強だから」と縄後見を歌江に振ってしまう。その苦闘の末が、冒頭の「黒衣の色の汗」である。黒衣は木綿で濃紺の藍染なので、額や首、手首などに青黒く染みてくる。歌江の勲章だろう。

歌江は、それ以外にも歌右衛門の「娘道成寺」「阿古屋」などの後見には欠かせなかった。彼の手本は、兄弟子の加賀屋鶴助。踊りで衣裳を一瞬で変える「引抜き」は、「お客さまに糸を抜いているのをなるべく見せないように抜くのが大事なんです」(歌江談。同書)。「娘道成寺」は化粧しての「裃後見」だが、ここでも「後見は「無」」という思想が一貫している。後見からは動かない。踊り手が踊りながら、如何にも抜きやすいように左右の袂を出し、後見も慌てず騒がず堂々と作業をこなす。しかし、そこに至るまでにどれだけの歳月が必要であったことか。歌江は、当時としては大柄な人だったが、それを逆手にとって引き抜く糸を長くして、本数を減らすなど創意工夫も怠らなかった。

歌江で特筆しておかなければならないのは、国立劇場で毎夏一日公演した勉強会「葉月会」の座頭である。「敷島物語」「妲己《だっき》のお百」「高橋お伝」「花井お梅」「鵜飼の篝火」と、大歌舞伎では忘れられた演目を積極的に採り上げ、歌江の出演は昭和五十八年から平成十年まで十六回に及んだ。

歌江の大振りな役者顔と、古風な芸質が生きて、九代目澤村宗十郎の「宗十郎の会」とともに、八月が楽しみだった。歌右衛門は「滅多に出ないものをあんたがやっといてくれるから、次に誰かやるときに仕上げだけですむ」と労ったそうだが、平成二十八年歌江亡き後その「誰か」が現れないのが寂しいかぎりである。

二代目尾上松緑
「こんなところの解釈にも、戦争へ行った行かないの差が出てくるように思えます」

（『松緑芸話』より）

市村羽左衛門、中村又五郎、中村雀右衛門、そして松緑。四人の共通項は、いずれも応召して軍隊経験のあることで、あとの三人は中国大陸あるいは南方に転戦した体験を生々しく語っている。とりわけ『松緑芸話』は嗣子辰之助を四十歳の若さで喪った松緑が、その傷心を押して自身の人生を語り遺したものだけに、戦争の記憶が行間に色濃い。わざわざ「私の戦争体験」に一章を割いているほどだ。

松緑が問題にしているのは「仮名手本忠臣蔵」の「判官切腹」。高師直へ殿中で刃傷に及び、切腹を命じられた塩冶判官が、国家老大星由良之助の到着を待ちわびつつ九寸五分を腹に突き立てたまさにそのとき「廊下の襖踏み開き」国許から由良之助が駆けつける。俗に言う「遅かりし由良之助」の場面である。

花道七三に平伏している由良之助に、本舞台の上使・石堂右馬之丞が「近う」と促す。立ち上がろうとした由良之助が思わず懐に両手を入れるのだが、この時、ここぞと腹帯を締め直すのか、緊張を解くために緩めるのか。無論、観客からは見えぬ仕種だが、どちらの解釈を採るかで由良之助の人間像も変わってくる。

松緑は「ここ一番という正念場で腹帯を緩めることは出来ない」という。赤紙(召集令状)が来た時は、自分も死にたくないが「褌を締めてかかる」の一心で出征する。戦地では、川ひとつあるいは山ひとつ隔てた敵と、常に対峙してきた。歩哨に立てば当然気が抜けないし、実際作戦が展開すれば命懸けだ。

「臆病」を自認する松緑であったが、数度の危地には心の帯を締めなおしたという。その経験が、由良之助の境遇に自ずと投影されていくのである。

「戦争へ行っていない方にはいくら説明しても分かってはいただけないでしょう」。

松緑は、結婚間もない昭和十三年中支、十六年中国東北部、二十年内地と三回召集されている。当然凄まじい死臭も嗅いだし、上海では相手兵士の遺骨を集めた箱から立ち上る「幽霊火」を見た。「幸い自分は人を殺さないで済みましたが、あらゆる殺し方を見ました」(同書)。

そのなかでも、地下壕の敵に撃たれた断末魔の戦友が「目が見えない、目が見えない」と叫ぶ姿に、「絵本太功記」十段目での武智十次郎の死にざま「もう目が見えぬ」を重ねたという挿話には、役者の「業」さえ感じる。

そういう体験をした人だから「一谷嫩軍記《いちのたにふたばぐんき》・熊谷陣屋」を演じる時、その神経は研ぎ澄まされる。

源氏の武将熊谷次郎直実は、後白河院の胤《おとしだね》である無官太夫敦盛を救うという主君義経の政治的思惑を「忖度」、一子小次郎を討ち、身替りとした。武門の家を継がせる我が子を喪った熊谷は、戦の無常を感じ出家を遂げる。

「熊谷陣屋」には、人形浄瑠璃から歌舞伎化されたあと、大きく分けて二つの型(演出)がある。「團十郎型」と「芝翫型」。芝翫型は終始大時代で派手で、熊谷も赤ッ面に赤地錦の裃・黒《くろ》天鵞絨《びろーど》の着付。有名な「十六年は一昔」のセリフは本舞台で言い、出家して有髪の僧となった熊谷が女房相模を伴っての幕切れは「引張りの見得」で終わるなど、浄瑠璃本文の流れに忠実だ。一方、團十郎型は九代目團十郎が工夫したもので、剃髪した熊谷が「送り三重」の哀切な三味線に乗せてひとり遁世の旅に出る幕外の引っ込みが眼目になっている。

　松緑は九代目團十郎の高弟だった七代目幸四郎の三男だから、本来なら團十郎型であるべきだが、昭和三十年三月歌舞伎座で初役で演じた時は、中村竹三郎に習って芝翫型で勤めている。芝翫型は戦前、五代目歌右衛門や六代目友右衛門が手がけてはいるが、実際は團十郎型が席巻していたので、これは珍しい試みだった。松緑も再演からは團十郎型に戻している。期せずして二つの型を比較してみて、松緑は改めて九代目團十郎の偉大さを実感したという。芝翫型は確かに浄瑠璃本文通りだが、文楽の人形の哀れさには敵わない。文楽では最後は熊谷夫婦に観客の視線が集約するが、歌舞伎では軍卒や四天王らがゴタゴタ出て散漫になる。哀れさが希薄となり、戦争礼賛の印象さえ与えてしまう。それを九代目團十郎は幕外の引っ込みを付けることで、戦場に背を向ける僧形の熊谷の無常を際立たせたのである、と。

　この身替り劇への松緑の想いは烈しい。「動物の中で……唯一笑うことができる人間が人を殺して「ばんざい」と言うんですから、いかに人間なるものも詰まるところけだものの一種であるかということを、こうした芝居ははっきり主張しているんだと思いますね」(同書)。

松緑は戦場で人間が「けだもの」になる瞬間をいやというほど観てきた。だからこそ、「熊谷陣屋」のテキストから戦争の本質「むなしさ」を鋭く抉り出した九代目團十郎の視線に、松緑は心中深く頷いたのではないだろうか。

九代目澤村宗十郎

「だからあたしねえ、「『女定九郎』は器量が落ちちゃだめですよ」なんて言われちゃうから、早いうちにまたやっておかなければいけないと思います」

(『三代目澤村田之助』より)

「もしもし……」。受話器の向こうから、けだるい男の声が聴こえてきた。

平成五年か、六年であったろうか。国立劇場「宗十郎の会」の切符を予約するために、会の事務所に電話した時である。澤村宗十郎が八月主催するこの会では、毎回幕末の名女形・三代目田之助(宗十郎の曽祖父)が得意とした「悪婆物《あくばもの》」や、紀伊国屋(澤村家)の家の芸を宗十郎がこってりと演じ、夏の名物となっていた。それにしても女とも聴こえる、まるで「切られお富」のような声だ。そうだ、事務所は宗十郎の自宅を兼ねていて、電話を取ったのは本人だと気づいたときは大いにおかしかった。あの声音はいまも耳にある。

江戸の役者絵、それも大首絵のような恵まれた役者顔と、古風な肌触りを持った人だった。それは本人も自覚していて、若いころ雑誌の座談会で「私がいれば歌舞伎はなくなりません」と発言、物議を醸したこともある。戦後低迷した歌舞伎の常として、一時映画入りした時もあった。「瘋癲老人日記」で当時五代目訥升《とっしょう》といった宗十郎の揚巻の美しさを特筆した谷崎潤一郎は「写し身の夢の世界を立ち出でて現世の美に帰れかし君」と惜しんだほどである。

宗十郎が得意とした悪婆物。男のためなら女だてらに刃物三昧、時には悪事にも手を染める女たちである。江戸中期以降、女形の役が従来の女房や傾城から広がっていったことと、頽廃的空気が合致して生まれた。格子縞の着付や半纏、「馬の尻尾」と呼ばれる独特の鬘で伝法な女ぶりを見せた。

「女定九郎」は、「切られお富」「妲己のお百」などと並んで、悪婆物の代表的な狂言だ。本名題「忠臣蔵後日建前《ちゅうしんぐらごにちのたてまえ》」の通り、「忠臣蔵五・六段目」の後日譚。ここにひとりの女がいる。斧定九郎の女房蝮のお市。黒縮緬に白献上の帯、鬘は「だるま返し」、つまり「五段目」の定九郎をそのまま女にした出で立ちである。折しも六月二十九日、与市兵衛宅(いまはおかるの母おかやが守る)では早野勘平の一周忌。戸板に乗せられて乗り込んだお市は五十両を強請りにかかるが、守り袋からおかやこそ実の母と知り、鉄砲で自殺する。全編これパロディであるが、その向こうに勘平の死から一年、遺された女たちを襲う不思議な運命の物語が見えてくる。

こうした悪婆ものは、戦前は「田圃の太夫」と呼ばれた四代目澤村源之助が好んで手掛けたが、最近の大歌舞伎ではあまりお目にかからない。宗十郎は言う。「ああいうものはニン好むんでね。ただやろうとしても雰囲気がでない。あたしがやって最後かもしれないね。そういうのができる女形がでてくればまた別だけど」(『三代目澤村田之助』)。

「ニン」とは役者の芸が醸し出す持ち味を差し、「あの役者は由良之助のニンだ」とか「今度の平右衛門はニン違いだ」という風に使う。宗十郎は悪婆のニンだが、悪婆という役も役者を選ぶということである。

宗十郎にこのニンをもたらしたのは、祖父七代目宗十郎以来の血脈であろう。昭和二十四年(一九四九年)に没した祖父は、独特の口跡と、こってりとした江戸和事で「宗十郎歌舞伎」と呼ばれたほどである。

例えば「浮世柄比翼稲妻《うきよづかひよくのいなずま》」山三浪宅の名古屋山三。「痣娘と一間へ入ってしまって(情交を結んで)、それからでてくるでしょ。うちのお祖父さんは、したまま葛城(山三の愛人の傾城)のところへ逢いに行ってしまうような感じなんです……現代の役者さんだと、そこでシャワーを浴びてきたような感じになっちゃう」(同書)。何をしても許されるような美男子・名古屋山三の人物論でもあり、演じる七代目宗十郎の浮世離れした色気が匂い立ってくる。

平成十二年(二〇〇〇年)十二月歌舞伎座で、宗十郎は家の芸「蘭蝶」を演じた。紫頭巾姿の浮世声色身振師、武士にして幇間という奇妙なこの人物は、平成ではもはやこの人にしか出来ないと思われた。すでに「心肥大血圧高く足むくみ 肝臓はれて 腎は動かず」と自嘲するほど体調が悪かった。しかし宗十郎の気迫と、観る側もこれが最後という予感がぶつかり合って、黄表紙か洒落本から抜け出たような見事な舞台だった。

その終幕、来月十代目三津五郎を襲名する予定の八十助と並んで、宗十郎が口上を述べた。「東西、まず今日はこれぎり」。まさに二十世紀掉尾の舞台。江戸歌舞伎最後の役者・宗十郎から、次世代の旗手・三津五郎へのバトンタッチだった。翌年一月十二日、宗十郎は六十七歳で没した。

そして三津五郎も、いまは亡い。

七代目尾上菊五郎
「はっきりと芝居をするようになってから、そのあとの莫蓙を巻く芝居がやりやすくなりました」

（『菊五郎の色気』より）

「仮名手本忠臣蔵」六段目の莫蓙は、祇園への身売りが決まったおかるを引き取るためにやってきた一文字屋お才を迎えるために、舞台上手に敷いてある。後段、お才の示した糸入縞の財布から、闇夜自分が舅与市兵衛を撃ち殺したとすっかり思い込んだ勘平は、猟師仲間が戸板に乗せて与市兵衛の死骸を運びこむと、いたたまれずにその莫蓙を巻くのである。

莫蓙を巻くタイミングは、六代目菊五郎の時は、その前の母のおかやがおかるの駕籠を見送っている間であるなど異同はあるが、六代目口述の「此の間に勘平は右足を立て、左は膝立ちのまゝ中腰になつて、刀の柄に手をかけた形にて、上手の敷蓙を巻き乍ら、「とんでもねえ事をしたなア」と後悔の心にて、捨台詞を小さく云ひ乍ら、巻いた蓙を一寸刀を持つ形のやうに取上げて後ろに消し、又坐つて上手向に伏す事」(『芸』)という運びは同じである。

ところがこの型、非常に評判が悪い。「余りに神経質」とか、「莫蓙を片づけるなら、勘平自身がやらずに、後見かおかや、源六あたりに任せておけばよい」というわけである。

これは演じる側も同じようで、昭和六十三年(一九八八年)四月、十七代目勘三郎の初七日の晩に、菊五郎が「何で勘平が莫蓙巻いてポーンと放るなんて黒衣みたいなことしなくちゃいけないんだ。神経質に煙草盆消し(片づけ)たり、まるで広々さして腹切る場所作ってるみたいだ」といえば、同席した仁左衛門(当時孝夫)が、「申し訳なさにいたたまれず、畳をかきむしる思いってあるよね。その時たまたまそこに莫蓙があったから結果的に莫蓙をまるめることになったんだよ」(『芸づくし忠臣蔵』)と補っている。三代目菊五郎が創始し、五代目・六代目が完成した「音羽屋型」を受け継ぐ立場のはずの菊五郎でさえ、当時そう思ったのである。現代人の感性というべきだろう。それがなぜ「やりやすく」なったのか。

平成二十八年(二〇一六年)十一月国立劇場で、菊五郎が演じた勘平は実に素晴らしかった。その時の私の劇評をここで引こう。

「この後の菊五郎の、例えば母娘別れの愁嘆をジッと聴く間の「身の置き所の無さ」が素晴らしく、紋服という侍の姿でありながら堕ちて行き、おかる・源六・おかやの「父《とと》さん」の一言が責め道具のように突き刺さっていくのが手に取るようだ。おかやに突き放されての「かっぱと伏して」、「五体に熱湯の」の懊悩など痛切である。」

「二人侍が来て、刀に映して思わず髪を整え、鍔をならしてスッと立つ。「ずんと些細な内証事」の暗い笑いともども、この期に及んで武士として繕おうとする浅はかさが出る。千崎に「大身槍の田楽刺し」と迫られて避ける時の卑小さなど、観ていて痛々しいほどである」。

ひと言でいえば、勘平が堕ちていく「運命劇」の骨格が極めて鮮明なのである。その機微を、菊五郎はこう語る。「勘平の心理をお客さんは読みたいわけだから、おかやが「親父殿」といったときに、やっぱりそうだったんだ、俺が殺したんだというリアクションを見せてもいいと思うようになりました。じっと身体を固めているだけでは、勘平の神経がお客さんには伝わらない」(『菊五郎の色気』)。そこをはっきりと芝居をするようになってから、「最初に勘平を勤めたころは、全然、巻けなかった」莫蓙に、すっと自然に手が伸びるようになったという。

八代目三津五郎は若き日、六代目菊五郎の勘平に『罪と罰』のラスコーリニコフを重ね合わせた。隙間風が吹き、芝居が途中で途切れてしまうこれまでの歌舞伎にくらべ「はなからしまいまで息がつけない!」。そこで父親の七代目三津五郎に「芝のおじさん(菊五郎)の勘平ってすごいですねえ。まるで新劇みたいですねッ」と話すと「バカヤロッ、何が新劇だい、あれが歌舞伎だよ」(『芸十夜』)。

音羽屋型の隙のなさは、当然この莫蓙にも及んでいる。もとより、莫蓙を巻くのはそれを片づけるためだけの「段取り」などではない。先ほどの六代目の口述にもある通り、「後悔の心」

という心理的裏打ちがある。この時、勘平は舅の遺骸を前に、自分が昨夜撃ち殺したと信じ切っている。押し寄せる罪悪感といたたまれなさが、この莫蓙一枚に凝縮されている。巻いた莫蓙を一瞬刀のように持って放り出すところなど、侍の体面を繕ってはみたものの、暗然とする勘平の虚しささえ描き出している。しかし、若い頃先輩から教わった「型」に忠実に演じていても、勘平の性根が伴っていなければ、どうしても「ここで莫蓙を片付けなければ」という思いが先に立ち、躓いてしまう。

「昔は、大汗をかいて、カーッとしてやっていた。一生懸命やって疲れているんだけど、それだけではお客さんには伝わらないということも、段々わかってくるんですよ」(『菊五郎の色気』)。

菊五郎の手が、すっと自然に莫蓙に伸びるまでには、それだけの歳月が必要だったのである。

九代目坂東三津五郎

「踊れても踊ってはいけない役ってのがあるんですよ」

(「青南随話」『あばれ熨斗』より)

「踊りの神様」と称された七代目坂東三津五郎(昭和三十六年没)の舞台は知らないが、先年亡くなった十代目まで、私は三人の三津五郎を観ている。歌舞伎のみならず能・古美術・茶道など多方面に通じ、数々のエッセイで「芸」とは何かを発信し続けた八代目(昭和五十年没)と、その孫で舞踊に天賦の才を示した十代目(平成二十七年没)に比べると、九代目(平成十一年没)という人はまことに地味な存在である。

昭和四年(一九二九年)、一門の三代目坂東秀調の三男として生まれ、八代目三津五郎に見込まれて婿養子となったが、それ以前は「坂東光伸」の名で舞台に出ていた子役時代から、六代目尾上菊五郎の膝下に育った。故実に通じ、六代目の舞台は「本当に信じられぬくらい、一つのゆるぎもなく覚えていた」(十代目三津五郎)という。律儀で頑固、故人の型は変えれば結果が良い場合でも、絶対に変えない方が良い、という考え方であったという。当然、若い十代目は反発するが、今は自分が頑固になった、と述懐している。先人の芸に私見を加えることなく忠実に後代に伝えるのも一つの見識であり、九代目は六代目菊五郎・七代目三津五郎の芸を、息子十代目へとつなげる「うつわ」になることに徹した生涯であったといえよう。

掲げたのは、平成十年(一九九八年)四月金丸座で、「傾城反魂香《けいせいはんごんこう》」通称「吃又《どもまた》」の又平を演じた時のもの。大津・琵琶湖のほとりに住む絵師浮世又平は、生まれついて言葉が不自由。土産の大津絵を書くなどして、女房お徳と細々と暮らしている。師土佐将監の一大事に際し、又平は「土佐」の名字を名乗ることを許すよう請うが、将監は又平には画業による功績がないと撥ねつける。絶望した又平は、お徳と自害する前にせめてもの名残にと手水鉢に我が姿を描くと、その絵姿が石塊の反対側に突き抜ける奇跡が起きる。又平の業を褒めたたえた将監は又平に「土佐又平光起」の姓名を許し印可の筆を与え、喜び勇んだ又平夫婦は佐々木の息女銀杏の前救出に出立する。

近松門左衛門作のこの人形浄瑠璃は、のちに将監が手水鉢を斬ると又平の吃音も治る（改作「名筆傾城鑑」）だの、歌舞伎では原作にはない又平の鰻料理の入れ事が加わるなど、又平の三枚目ぶりが強調されてきた。それを原典に立ち返って、才気がありながら障害ゆえに世に認められぬ若者の苦悩に焦点を当てたのが六代目菊五郎であり、現在の「吃又」は皆菊五郎の型を踏襲している。

金丸座で演じるにあたり、九代目三津五郎は、六代目演出にはない夫婦の幕外の引っ込みをつけた。大事な場面というのに又平がチョコチョコ歩きをするので、お徳が「もっと立派に歩きなさい」と稽古をつけるおかしみである。しかし、本来ここでは又平が気負っているのだから、自然動きが立派になるはずで、前の芝居とのズレが生じてくる。

「だから、そのことに気がついてからは、あのあたりの芝居を、いつもより多少変えて、意識的に朴訥さを強調するようにしています。それでなくたって、又平なんて役は、役柄かららいって巧く踊ればいいというものではないわけで、あのひと幕の構成上、あそこへきて歓びの解放感は無くてはいけないけれど、それはあくまでも町絵師のそれであって、舞の名手というわけのものではありませんからね」(「青南随話」)。

「あそこへきて」とは、土佐の名字を許された又平が、普段は言葉が不自由だが、拍子に乗せれば滑らかに話せるといって、将監夫婦の前でお徳の鼓に合せて「大頭《だいがしら》の舞」を舞うくだりを言う。下手をすれば、又平役者がひとり心地よげに舞い納めてしまいそうだが、又平は「家貧しくて身代は、薄き紙衣の火燧箱。朝夕の煙さへ一度を二度に追分や、大津のはづれに店借りして、妻は絵具夫は絵がく」という、しがない市井の一絵師であり、そもそも踊りの心得があるはずもない。あくまで土佐の名字を許された「歓びの解放感」で押していかなければならない、という六代目菊五郎らしいリアリズムであった。

「踊れない役」というのはほかにもある。「勧進帳」の弁慶。昭和二十四年(一九四九年)三月、大阪歌舞伎座の千穐楽で、二代目松緑の弁慶の代役に、当時七代目彦三郎といった十七代目羽左衛門が立つことになった。緊張している彦三郎を揚幕から花道に送り出すとき、六代目菊五郎が「弁慶は踊りを知らないのだよ」(『十七代市村羽左衛門聞書』)と言ったという。本文にも「元より弁慶は三塔の遊僧」とあるのだから、舞の心得はあっただろう。六代目は、羽左衛門の緊張を解くと同時に、「勧進帳」がとかく舞踊に流れ、肝心のドラマを見失うのを戒めたのだろう。

「吃又」の又平は、九代目の子十代目三津五郎が八十助時代から得意で、障害ゆえに認められぬ鬱屈が見事だった。その若者が、師匠将監から土佐の名字を許されて「躍り上り飛び上り」と嬉し涙にむせび、大頭の舞にかかるまでは一転、まさに気持ち一本で運んで爽やかであった。

十代目は、父という「うつわ」から先人の芸を確かに受け取ったのである。

六代目中村歌右衛門

「女形の心得、立役を立て、どんなときにも一歩下がって芝居をしなくちゃいけない、そういう言い伝えはちょっと違うと思うんですの」

(『淀川長治の遺言』より)

これは、映画評論家淀川長治との対談「映画のこと、歌舞伎のこと、芸のこと」での発言。初のアメリカ公演に感激したグレタ・ガルボが歌右衛門に「LOVE LOVE LOVE」と電報を送ったこと、グレース・ケリーとの交遊、動物好きの歌右衛門らしく名犬リンチンチンの話題でひとしきり盛り上がったあと、淀川が改まって「女形の心得ってどんなこと？」と水を向けた。

それに対して、手前味噌になるが「そこをあえて申しますとね」と応じたのが、冒頭の発言である。歌右衛門は続ける。「それは、心構えの話であってただ一歩下がっているだけだったら誰にでもできるんです」「そうではなく、立役を十分に立てながらも十分に芝居はして、遠慮することなど一切いらない。遠慮してたら、芝居がつまらなくなりますからね。女形はそうしたほうがいいと、私は思うんです」。

女形の役者は、酒に走ることが多いらしい。常に一歩下がった立場で立役を立てるため、ストレスが溜まるのである。実際、戦前、十五代目市村羽左衛門の女房役者だった六代目尾上梅幸は酒乱であったという。甥の七代目梅幸も「女形は立役の後見のつもりで務めなさい」と若い頃先輩から教えられたこと、自分はゴルフなどの趣味でウサを晴らしたので呑ん兵衛にはならなかったことなどを明かしている。

たしかに、「忠臣蔵」の九段目でいえば、ふたりの持ち役は歌右衛門が自己主張する戸無瀬、梅幸が夫由良之助をしっかり立てるお石。梅幸が得意とした甲斐甲斐しい女房役「魚屋宗五郎」のおはまや「吃又」のお徳を、歌右衛門は手掛けていない。吉右衛門劇団と菊五郎劇団、育った「学校」の違いとはいえ、こんなところにも、ふたりの芸風の違いが出ている。

歌右衛門のことばの背景には、まず近代劇壇での「中村歌右衛門」という名前の位置がある。九代目團十郎亡きあとの歌舞伎界で、その風格・肚芸・朗誦術を我が物にしたのは五代目中村歌右衛門であったという。戦前、五代目歌右衛門は女形でありながら、その当り役である「沓手鳥《ほととぎす》孤城落月《こじょうのらくげつ》」の淀の方の「此日本四百余州は、みづからが化粧箱も同然じゃぞ」のせりふ通り、技芸委員長として歌舞伎座に君臨した。その次男である歌右衛門もまた、戦後歌舞伎の「立女形」、事実上の「座頭」であった。彼の代表作「助六」の揚巻、「合邦」の玉手、「吉野川」の定高《さだか》は、いずれも遠慮なく立役と対峙し、劇的空間を創ってきた。

「立役を立てろ」という心構えは良いが、そこに例えば楽屋内の上下関係まで介在して遠慮が働いたら、その役は死んでしまう。歌舞伎には、その役によって舞台上のあるべき「居処」が決まっている。それぞれの居処は引っ張り合って均衡を保っているが、誰かが少しでも消極的だったりすると、緊密な糸はたちまちたわんでしまう。その微妙な均衡ギリギリに自己主張して、「人間」を描こうとしたのが歌右衛門だった。

歌右衛門が若き日、父五代目から手厳しく叱られたのが「鎌倉三代記」の時姫だったという。時姫は「十種香」の八重垣姫、「金閣寺」の雪姫とともに「三姫」と呼ばれる女形の大役。五代目は言う。「時姫じゃない」「その役の人間が動いているならいい」「性根をちゃんと押さえていなければいけない」と。五代目は歌右衛門に具体的に時姫の性根を教えたという。

時姫は、ただ情緒纏綿と深窓の姫を演じるだけではだめである。兜に焚き染めた名香から恋人・三浦之助が討死の覚悟と悟り、姑長門の言いつけにもあえて背いて引き止める「短い夏の一夜さに、忠義の欠くることもあるまい」が性根場になっている。立役の三浦之助を立てながら、胸の想いを迸らせる「情熱《パッション》」がなければならない。父の言う「その役の人間が動いている」かこそ、歌右衛門の舞台を終生貫いていた一本の芯だろう。

四代目雀右衛門は「熊谷陣屋」で歌右衛門の相模に藤の方でたびたび共演した。「うまいなあ」と思いつつ、どこがうまいのかわからなかったが、自分で相模をやってみて「でも今年、熊谷と相模は昔しのび会ってた仲で、それがまだ残ってる夫婦だ、ってことに気づいたんです。熊谷がそれを表現することはないですから、相模が表現しなくちゃと思いました。そのことに気がついて、それからは積極的に身体が前に出るようになりましたね」(『歌右衛門合せ鏡』)。

歌右衛門の相模は、夫の熊谷役者を立てるだけ立てて、ふたりの間の十六年の歳月の象徴である一子小次郎の身を案じる母の思いを滲ませていたのだろう。「熊谷はそれを表現することはないですから」というのが大事だろう。女房を叱ることしか愛情表現を知らない武骨な熊谷に代わって、歌右衛門は自ら膝を進めてドラマを補強していた。それを雀右衛門は見逃さず、盗んだのである。

「たとえ女形が主人公でなくても、引っこみ思案はダメなんです」(『淀川長治の遺言』)。芳澤あやめの「あやめぐさ」に並ぶ、歌右衛門の芸談集が編まれることがあれば、ぜひ加えたい言葉である。

六代目尾上菊蔵

「しぐさひとつでも、あとでシンが演るしぐさは決してしてはいけないんです」

(『歌舞伎の表現をさぐる』より)

こう語るのは、菊五郎劇団のワキを固めた尾上菊蔵。昭和六十一年から六十三年にかけて語られたもので、羽左衛門や又五郎が故実の蘊蓄を披露して愉しい。

菊蔵は続ける。「あとで見せ場のある主役の前に似たようなことをしてはいけない。それは役者の行儀ですね。近年はそれが乱れてきました」。

シテと同じような仕種をすることを「つく」とも言うが、六代目菊五郎は「つく」ことに非常にうるさかったという。「寺子屋」で有名な「せまじきものは宮仕え」のくだり。二代目松緑によると、初代吉右衛門の源蔵が「ともに涙に暮れいたる」の竹本で立ち上がり、トーンと刀を突くのだが、これだと後の松王丸の「無礼者め」で刀を突いての見得とついてしまう。六代目は自分が源蔵の時は静かに立って手を組むようにしたという。「なるべくシテに抵触しない型をやれ」（『松緑芸話』）。「居処」と同じく行儀を守ることが、舞台の秩序とドラマの緊密性を保っていく。

それはワキにまで徹底している。二代目中村吉之丞が昭和二十七年（一九五二年）一月、前名の万之丞で「松浦の太鼓」序幕両国橋の茶店の女役をつけ足してもらって名題昇進した時のこと。

「序幕の幕切れ近く、茶店の女はせりふを控え目に言ってスッと引っこまなきゃいけないのに、「何が何して……」ポン、と足を出して決めたら、「おい、役にしちゃいけねえ」って旦那〔初代吉右衛門〕に叱られました」（『花の脇役』）。

吉之丞の場合は「シンの役者とついた」のではないが、ワキとしての「分」を守らなかったのを咎められたのである。

最近は、こうした演技の細部まで目を行き届かせ、注意する「こわい叔父さん」が楽屋に少なくなった、という話をよく聞く。その点、冒頭に発言を引用した尾上菊蔵も、一家言持つ人だった。それは先ほどの座談会での、「たとえば、今日三越劇場で、明日国立劇場、あるいは歌舞伎座というように、寸法が違っている舞台へ出ても、同じバランスの位置にピタッといかなければいけない。「もうちょっとこっち」と言われたら役者じゃない」というひと言でもわかる。寄席のような狭い舞台でも「勧進帳」が出来なければいけない、その翌日稽古なしで歌舞伎座で「勧進帳」をして、そこではじめて本物の役者になるのだ、と。

六代目菊五郎の女房役であり、「加賀鳶」の女按摩おさすりお兼という傑作がある尾上多賀之丞の養子。これも多賀之丞の持ち役だった六段目のおかやを初役で勤めることになり、父に聞いたところ「俺のおかやの真似をするな。俺のおかやのまずいのができるだけだ。自分でやれ」(『芸と人』)と叱られたという。「見て覚えろ」「自分で考えろ」という教育を受けた人だった。

初舞台は小学五年生と、この世界では遅かった。多賀之丞が小芝居・宮戸座出身ゆえに「ビタ」(旅役者)と劇団内で陰で蔑まれたことは、近年日記とあわせて刊行された評伝『人間国宝尾上多賀之丞の日記』で明らかになったが、多賀之丞は息子を役者にすることにためらいがあったらしい。戦後の菊蔵は、東横劇場や三越劇場で同世代の若手たちと活躍するなど、将来を嘱望されるのだが、劇団内では松緑・梅幸・羽左衛門らかつての御曹司たち主役と、それ以外の役者との格差が次第に画然としてくる。そのあたりの事情を菊蔵は「自分もそうかなという気になってしまうんです。去勢されるんですよ」(『多賀之丞の日記』)というきわどい表現で語っている。菊蔵には、子役に立っていた息子がいたが、跡は継がせていない。平成十二年(二〇〇〇年)死去。国立劇場の制作畑を歩いた織田紘二は、菊蔵を「どこか醒めていた」と評し、「今の時代なら大切な人。一時代早かったなという感じです」(同書)と惜しんでいる。

私が歌舞伎を観始めた頃、国立劇場の歌舞伎鑑賞教室「歌舞伎のみかた」の解説役は、十代目岩井半四郎と菊蔵だった。役者というより、どこか学者然として理路整然たる話しぶりで、生徒たちが騒々しいとピシャリと抑えていた姿が懐かしく思い出される。その胸奥に秘めていた苦汁は、最近ようやく明るみになったことである。

歌舞伎という絢爛たる光は、影によって支えられている。菊蔵の人生は、我々にそれを教えている。

第三章　伝承と革新と

新之助(現海老蔵)の助六．平成12年1月新橋演舞場

三代目市川猿之助

「春秋会で『水天宮利生深川《すいてんぐうめぐみのふかがわ》』をしたけれど、これはまったく当時のスーパー歌舞伎ですよ」

（『夢みるちから──スーパー歌舞伎という未来』より）

昭和四十三年（一九六八年）四月国立劇場「義経千本桜」の「河連法眼館」（通称「四の切」）。三代目猿之助の狐忠信は、初めて花道上の宙を舞った。「3S」（スピード・ストーリー・スペクタクル）を旗印とする「猿之助歌舞伎」と呼ばれる怒濤の演劇活動のはじまりである。

明治の九代目團十郎、五代目菊五郎、そして戦前の六代目菊五郎、初代吉右衛門によって完成された近代歌舞伎。猿之助はその現状を團菊・菊吉の型のみ「本格」として墨守する思考停止と捉え、それまで異端とされてきた「ケレン」を駆使することで、江戸歌舞伎のエネルギーを恢復しようとした。

モーリス・ベジャールやピーター・ブルックとの交流、「コックドール」など海外オペラでの演出経験は「まず歌舞、そして歌舞伎の発想をもっととり入れた現代人の心を打つ内容の新作を作りたい」(『市川猿之助の仕事』)という思いを募らせ、昭和六十一年(一九八六年)二・三月新橋演舞場での梅原猛作「ヤマトタケル」初演に至る。「歌舞伎の口語訳」(同書)、「スーパー歌舞伎」の誕生である。

その彼が一転、平成八年(一九九六年)二月以降、年一回、あわせて五回に亘って国立劇場で開かれた自身の勉強会「春秋会」(第二次)で、「髪結新三」「娘道成寺」「引窓」などこれまで不得手としてきた世話物や丸本物の役に手を染める。河竹黙阿弥の「水天宮利生深川《すいてんぐうめぐみのふかがわ》」(通称「筆《ふで》幸《こう》」)はその最後に手掛けた狂言である。

明治十八年(一八八五年)二月、五代目菊五郎によって初演された「筆幸」は、維新と開化に乗り遅れ、筆屋をして細々と暮らしを立てる士族の船津幸兵衛が、貧苦に責められこどもたちを道連れに心中しようとし、ついには発狂する物語である。明治の風俗を描いて「散切物《ざんぎりもの》」と呼ばれ、六代目菊五郎に続いて十七代目勘三郎、二代目松緑も手掛けている。

猿之助はこの狂言が一見大時代な設定をとりながら、当時の人間像として、境遇も心理もリアルに活写し「時代背景、社会問題、風俗などが作劇の中に盛り込まれており、まさにリアルタイムの現代劇」(『スーパー歌舞伎』)と評価する。その上で「そうした同時代的な物語が、他所《よそ》事《ごと》浄瑠璃としての清元や、竹本や下座の音楽性をふんだんに用い、幸兵衛の発狂に舞踊的演技の要素をとり入れたり、……歌・舞・伎の三要素を駆使することで、紛れもなく歌舞伎たり得ている。つまりこの芝居は、私がスーパー歌舞伎で目ざしているものと、はからずも同じところを目ざしていたといってよいのではないだろうか」(同書)とまで言っている。

両者の共通点は「傾《かぶ》いて」いることだろう。

「歌舞伎」の語源は「傾《かぶ》き」。他人とは違ったことをする、流行の先端を行くの意である。当然のことながら、歌舞伎は江戸時代の「現代劇」であった。明治維新後の急速な西欧文明の流入で芝居と実生活の乖離が進むなかで、歌舞伎は新風俗を活写することでなおも「傾こう」とした。その試みが五代目菊五郎の「散切物」であった。

しかし歌舞伎は、明治二十年(一八八七年)の「天覧劇」に象徴される「演劇改良」の名のもとの高尚化の波に呑まれていく。決定的だったのは明治二十七年(一八九四年)の日清戦争だった。当時勃興した川上音二郎ら新派と歌舞伎の「戦争劇」の競演となったが、ドキュメンタリータッチの新派に対し、團十郎は鯉節を日本の艦隊に例えて物語る有様で、勝負は見えていた。以後、團菊は古典歌舞伎に籠っていく。

「スーパー歌舞伎」も「散切物」も目指すところは同じ。猿之助歌舞伎が「スーパー歌舞伎」に止揚したのではなく、目標はあくまで江戸歌舞伎なのである。

「歌舞伎には歌舞伎の本分がある、と。その目を培ったのが学生時代です」(『夢みるちから』)。慶應義塾大学文学部の卒業論文に「近松」を選び、春陽堂版『日本戯曲全集』全巻を読破・渉猟した猿之助は、歌舞伎脚本を読み解き、行間から「幻の江戸歌舞伎」のイメージを立ち上げるちからを蓄えた。その眼から観れば「戦後の歌舞伎はお能化しているんです」(同書)。「加賀《かが》見山再岩藤《みやまごにちのいわふじ》」(「骨寄せの岩藤」)「金幣猿島郡《きんのざいさるしまだいり》」「菊宴月白浪《きくのえんつきのしらなみ》」「四天王楓江戸粧《してんのうもみじのえどぐま》」など、猿之助歌舞伎による古典復活の試みは、歌舞伎を能から江戸歌舞伎に回帰させるためであった。そこでは「ケレン」ものちの「スーパー歌舞伎」も、あくまで手段であって目的ではなかった。

第二次春秋会の路線をさらに推し進めていけば、新たな「猿之助歌舞伎」の成熟も視野が拓けたかも知れない。しかし平成十五年(二〇〇三年)十一月博多座「西太后」の公演途中で脳梗塞を発症。平成二十三年(二〇一一年)九月、自身の二代目猿翁襲名口上をはじめ舞台に姿を見せたものの、今は療養生活を送っている。

猿之助不在の今、「猿之助的」実験歌舞伎はそれこそ枚挙にいとまがないが、時に手段と目的とを混同していないか。「何度もいうけれど、猿之助の精神は江戸歌舞伎の精神です。新しいものではないんです」(同書。傍点筆者)というその言葉を改めて噛みしめたいものである。

七代目中村芝翫
「お前の言っていることが、権太たちには分からなくて、権太たちの言っていることがお前には分からないんだ」

（『芝翫芸模様』より）

七代目芝翫は、昭和八年（一九三三年）、初舞台前の五歳の時に父五代目福助を、昭和十五年（一九四〇年）十二歳で祖父五代目歌右衛門を喪った。父は「慶ちゃん」の愛称で親しまれた白皙の女形、祖父は明治の「團菊」後の劇界に君臨した名優であった。後ろ盾を喪った叔父六代目福助（六代目歌右衛門）は初代吉右衛門のもとで、児太郎といった芝翫は六代目菊五郎のもとでそれぞれ修業することになった。

芝翫にとって六代目は「芝のおやじ」と呼ぶ「第三の父」であり、その死（昭和二十四年）まで九年間寝食を共にすることで、スポンジのようにその芸と教えを吸収していくのである。

掲げたのは、昭和二十三年（一九四八年）十月新橋演舞場で、当時七代目福助だった芝翫が「義経千本桜」で菊五郎のいがみの権太に若葉内侍を勤めたときのもの。

若葉内侍は、平清盛の嫡孫・三位中将維盛の御台所だ。平家滅亡後、嵯峨に隠棲していたが、夫が高野山に健在と聞いて、若君の六代、家来の主馬の小金吾と旅に出る。一行は大和国下市村に辿りつき、若君のために小金吾が椎の実を拾って旅の疲れを慰める。俗に「椎の木」「木の実」と呼ばれる詩情溢れる場面だ。

この時、木の実拾いを親しげに手伝っていた男が、わざと内侍一行と自分の荷物を取り違え、こちらの荷から金がなくなった、と言いがかりをつける。この男こそ、鮓屋弥左衛門の息子で無頼漢のいがみの権太。平家残党であり、事を荒立てられない一行は、二十両をまんまと権太に騙しとられてしまう。続く「すし屋」の導入部ともいうべき場面だ。

掲げたのは、この時の芝翫の内侍への菊五郎の注文である。

まず「お前、何も考えるんじゃないよ」。あれほど役の心理を究めた人がである。「権太はお前たちのなりを見て金をとろうと思ったんじゃない。お前たちの会話がおかしいから、これなら騙せると踏んだんだ」。

菊五郎の指摘は、実は「義経千本桜」の本質を衝いている。「義経千本桜」は、頼朝との兄弟離間を謀る宮中の陰謀(初段)、新中納言知盛による義経への復讐劇(二段目)という「時代」の世界から、この「木の実」(三段目)では一気に大和下市という鄙びた「世話」の世界に下降する。そこに、若葉内侍一行は降り立つ。彼らと権太は、まったく別の世界の住人といって良い。芝翫は、若葉内侍ものちに登場する下男弥助、実は維盛も「こんな人物に作り上げようなんで工夫してもむだ」で、周囲と「終始違和感があった方がいい」と言っている(『芝翫芸模様』)。

その違和感、二つの世界の「裂け目」から悲劇が起きる。いがみの権太は、内侍一行の荷の内から見つけた貴人の絵姿(維盛の父・小松内府重盛の肖像)と、鮓屋内での立聞きで、下男の弥助が追われている維盛と知る。日頃の悪事を悔い、倅善太のためにも父と和解したい権太は、すでに討たれた小金吾の首と、女房小せんと倅善太を維盛一家の身替りとして鎌倉方の梶原景時に差し出す。梶原が小せんらを引立て去ったあと、弥左衛門は権太が維盛を討ったと誤解、激昂して権太を刺すが、その瀕死の述懐ですべてが明らかになる。

一方、梶原からは維盛へ出家を勧める袈裟と数珠が遺されていた。平治の乱後、重盛と池禅尼の口添えで助命された頼朝は、維盛に恩を返したのであり、梶原も偽首と承知の上だったのである。権太一家の犠牲はすべて無駄死だったのだ。

これより先、弥助実は維盛は、権太の妹で弥左衛門の娘お里と良い仲になっている。一夜の宿を乞うて、維盛と偶然再会した若葉内侍は夫の不実を嘆くが、維盛は弥左衛門夫婦の情けに「何がな一礼返礼と思ふ折柄娘の恋路」に乗って、「仇な枕も親共へ、義理にこれまで契りし」と言い放つ。お里は「情けないお情けに預かりました」と泣き伏すほかなかった。維盛は「自分の父母や妻子に関しては人間としての感情を持っていますが、それ以外は全員見下している」(同書)のである。冷ややかではなく、無意識に。それが六代目菊五郎の「(内侍は)何も考えちゃいけない」という教えとどこかで繋がっているのだろう。

すでに虫の息の権太の横で、維盛が梶原からの袈裟を取って「敵ながらも頼朝は、あっぱれの大将」とその知略と情けを褒めたたえるのだが、梅幸や芝翫が演じると、維盛の周囲にだけ「見えざる壁」というか、御所の玉簾に覆われ、まったく違う世界がポッカリと穴を開けているようであった。権太も、小せんも、善太も、そのブラックホールに呑み込まれていく手駒だったのである。

「木の実」「すし屋」は、文化文政の五代目幸四郎・三代目菊五郎のいがみの権太を経て、明治の五代目菊五郎によって精緻な型が完成した。しかしそれが、単に段取りや美しさという表層に留まらず、役々の性格、さらには作品の本質まで究め尽くしていたことは、芝翫が伝えた六代目菊五郎の芸談からも十分知れるのである。

六代目嵐芳三郎

「わたしたちはもう一度、古典の精神にたち帰ろうと考えました」

（『役者の書置き——女形・演技ノート』より）

戦前ナチス政権から日本に亡命し、日本文化に通暁していた建築家ブルーノ・タウトは、劇団前進座を「この一団は沙漠に於けるまことに数少ない緑地《オアシス》の一たるの感」（『日本文化私観』）と称えた。

彼の観た前進座の南北劇は「私達がかねて想望していたような日本演劇」であり、「舞台面の構成、出場人物の排置、音楽的効果——、実に行届いた、深味のある演出」で、衣裳の趣味といい「すべて写楽の錦絵を偲ばせるもの」（『日本——タウトの日記 一九三四年』六月十八日条）であった。

大歌舞伎の旧弊に反発、門閥打破を掲げて、前進座は昭和六年（一九三一年）五月、河原崎長十郎、中村翫右衛門、河原崎國太郎らによって結成された。満州事変の四か月前である。タウトが観たのは三周年の舞台で、当時劇団は新橋演舞場に進出、「忠臣蔵」「勧進帳」などの古典劇や、珍しい鶴屋南北に積極的に挑んで、劇界に新風を吹き込んでいた時期だった。規矩正しい歌舞伎を追求してやまぬその姿勢が、タウトのこころを摑んだのだろう。その後の一座総出演の映画「人情紙風船」「元禄忠臣蔵」の成功、戦後の全国巡演での苦難、座内での路線対立と長十郎除名。劇団の歩みはそのまま昭和史と重なる。昭和五十五年(一九八〇年)には念願の歌舞伎座に進出。しかし昭和五十七年には東京・吉祥寺の劇場落成を観ることなく翫右衛門が、平成二年(一九九〇年)には國太郎と、創立第一世代が相次いで逝く。

創立後まもなく入座した五代目芳三郎の長男に生まれた芳三郎は、翫右衛門の長男梅之助、弟の嵐圭史と共に「第二世代」として前進座を牽引する立場となった。

「古典の精神にたち帰る」とは、昭和五十一年(一九七六年)六月、東横劇場で芳三郎が歌舞伎十八番「鳴神《なるかみ》」の雲絶間姫《くものたえまのひめ》を初役で勤めるにあたっての抱負である。「鳴神」は、戒壇の望みを絶たれた鳴神上人が、法力によって龍神を岩屋の滝壺に封じこめて旱魃を引き起こす。これに対して朝廷は絶世の美女・雲の絶間姫をつかわして、その色香によって上人を破戒させる。理性と欲望の相克という、今見ても新しいテーマである。

「鳴神」は幕末以来絶えていたのを二代目左團次が復活、創立メンバーの長十郎が左團次一座にいたこともあって、劇団の財産だった。しかし、戦後は絶間姫を農民の娘にしたり、大薩摩の代わりに團伊玖磨作曲の洋楽を用いるなど時代の波に翻弄され、長十郎除名後、十年間も出ていなかったのである。

ここで芳三郎は、絶間を持役にした父五代目の上演台本に立ち戻る。そこには、昭和十八年(一九四三年)、辛辣な劇評で知られた岡鬼太郎による演出が詳細に書き留められていた。

前進座の工夫は二つある。ひとつは雲の絶間の性格、もうひとつは盃事での鳴神と雲の絶間の位置関係である。

鳴神とふたりきりになり、剃髪せよと迫られた絶間は咄嗟に癪《しゃく》(さしこみ)の振りをする。手当てをしようと懐に入れた鳴神の手に、絶間の胸が触る。エロティシズム溢れる場面だが、父五代目はここは「生娘の心」で演じよ、と言っていたという。手練手管の色仕掛けで鳴神を堕すのではなく「この密命を果たせば、かねて慕う文屋豊秀と添わせてやる」といわれて乗り込んだ姫の一途な行動としたほうが切迫感がある、という解釈だ。

鳴神に触られた時「……こりゃ乳でござんす」の「乳」は、頭の「チ」を口の中で音もさせずに言って、あとの「チ」をはっきりと言う、そうしないとウブな色気にならないと、五代目は言う(『役者の書置き』小池章太郎「後記」)。

芳三郎も「色仕掛けの展開も、大胆さとは裏腹に、始終ふるえながら、必死に耐えている心で勤め」(同書)た。このあたり、大歌舞伎と前進座のスタンスの違いにもなっていて面白い。

大胆な色仕掛けで観客を酔わせるのが歌舞伎の醍醐味なら、前進座はさらにその一枚下の絶間姫の心の葛藤を覗こうとしたのである。

普通歌舞伎は、立役の居処は上手、女形は下手が約束である。上下が身分の違いを表現し、女形の役が偉ければ逆になる。それを、盃事のくだりを前進座では上手に絶間、下手に鳴神を座らせた。あえて約束事を逆手にとることで、ドラマの主導権が絶間に握られていることを視覚化したのである。芳三郎は、ここの絶間の性根は「世話女房」だという。「鳴神」の前半は「時代」(生娘)、盃事は「世話」、酔い潰してからは再び「時代」と、ドラマにうねりをつけることで、「鳴神」という芝居が本来持っていたいのちが目覚めてくる。まさに古典にたち帰ったのである。

芳三郎には「解脱衣《げだつのきぬ》楓《もみじの》累《かさね》」(昭和五十九年)のお吉と累という傑作がある。文化九年(一八一二年)八月、江戸・市村座で上演されるはずが、何故かお蔵入りとなった鶴屋南北の怪談狂言を初めて上演するという快挙。歌舞伎から翻訳劇・大衆劇までさまざまなジャンルを手がけ、とりわけ「南北ものは前進座」と呼ばれた路線の発展的継承だった。

その芳三郎も、平成八年(一九九六年)八月、六十一歳で急逝した。今は長男六代目河原崎國太郎・次男七代目芳三郎が劇団を支えている。

二代目尾上松緑
「小道具は自分の生活につながっているものですから、借り物でやったんでは駄目なんです」
（『松緑芸話』より）

生前松緑は、自分の当り役のために、二つの湯呑を愛用していた。ひとつは「髪結新三」、もうひとつは「魚屋宗五郎」で舞台で実際に使うためのものだ。

三代目三津五郎のように、張りぼてを実の湯呑に見せれば良いじゃないかというのとは、意味が違う。松緑が言う「自分の生活につながっている」とは、言葉を補えば「(役と生きてきた)自分の生活につながっている」ということだろう。湯呑ひとつの感触が、自分がこれまで舞台で吸ってきた空気と、役の向こうにある「江戸の記憶」に直結している。

「梅雨小袖昔八丈《つゆこそでむかしはちじょう》」の主人公髪結新三は、材木問屋白子屋の娘お熊をかどわかして慰みものにした挙句、金をせびり取ろうという喰えない小悪党だ。それを明治六年(一八七三年)六月中村座での初演以来、五代目菊五郎は観客を「何の訳もなければども無法に嬉し」がらせ、「意気というものが衣裳を着て出て来たよう」な江戸世話物の粋に洗い上げた。

それを引き継いだのが息子の六代目菊五郎で、二長町市村座以来、共に汗を流した好敵手・初代吉右衛門の弥太五郎源七との顔合わせは、菊吉の生世話物の中で「最も純粋な結晶体」とまでいわれた。

「目には青葉山ほととぎす初鰹」。この芝居には、山口素堂が詠み込んだ初夏の風物詩が巧みに採り入れられているが、細部の工夫がそれを支えている。

新三が弥太五郎を追い返したあと、天敵の家主長兵衛が掛け合いにやってくる。新三が「前祝いに一ついかがです」とお世辞を言いつつ酒と一緒に鰹の刺身を勧めるのだが、「この時に、箸を湯呑でチャラチャラとすすいで鰹を挟んで渡します。このチャラチャラという季節まで感じさせる涼しげないい音、これが出ませんと鰹がまずそうになってしまいます」(『松緑芸話』)。

安い木の箸や粗悪な茶碗なら、音が重々しくなる。松緑は、師匠の六代目が使っていた象牙の箸と染付けの湯呑を真似た。「考えてみると新三みたいなやつは、きっと贅沢をしていい物を使っていたでしょうしね」(同書)。小道具選びは、そのまま役のリアリティに直結しているのである。

松緑は、それら菊五郎の芸の秘密を、新三の陰日向になってつきそう弟分下剃勝奴を勤めることで、盗んだ。弥太五郎源七が親分風を吹かせるのに我慢ならず、下手に出ていたのが一転、十両を叩き返す凄味や、家主長兵衛が「早く返事をしてしまえ」と新三を睨みおろす時、双方グッと呼吸を詰めるコツ。

松緑の勝奴を「ただ六代目の真似ばかりしている」と書いた劇評に、菊五郎は「それでいいんだ。勝奴ってのはそういう役なんだから、俺の真似をしてりゃあいいんだ」と言ったという(同書)。以来、十八代目勘三郎、十代目三津五郎、現芝翫、現松緑、菊之助に至るまで、新三役者は例外なく勝奴をウェイティングサークルとして育っている。

もうひとつ、「魚屋宗五郎」の湯呑。芝片門前の魚屋宗五郎は、酒乱のため酒を断っている。ところが旗本磯部家に妾奉公に出ていた妹のお蔦が、主人の主計之介に理不尽に手討ちにされたと知り、憤りの余り禁酒を破って磯部の屋敷に暴れ込む。

五代目菊五郎は、酒を入れる片口の底に仕込んだ紅を顔に塗ることで、酔うにつれて顔が赤くなる様を見せたというが、六代目は、顔が青くなる酒乱のさまを、演技で見せた。松緑も、はじめは何杯目という段取りばかり気になっていたが、回を重ねるにつれて無意識に顔がカーッと火照ってきたという。そこに、使い馴染んだ湯呑の感触も当然あったことだろう。

生世話物は「教えてできるものではなし、教わってできるというものでもない」(同書)。六代目の芸を身をもって覚え「その中へ自分から勝手に入っていって、それでもしおやじさん(六代目)がいなくなったら入ったままで自分がやってしまう」覚悟が必要なのだと。ここでは、六代目・松緑といった「個」は問題ではなく、それぞれが先人の芸を受け継ぐ「うつわ」なのである。

平成二十一年(二〇〇九年)三月国立劇場で、現松緑が初役でこの「魚屋宗五郎」を演じた。この時松緑が用いたのは、祖父遺愛の片口と手拭、四十歳の若さで逝った父初代辰之助(三代目松緑追贈)の湯呑であった。

小道具という「うつわ」にもまた沁みついた芸の記憶は、こうして次代に受け継がれていくのである。

十七代目市村羽左衛門

「荒事というのは子供なんですが、若いときよりも年取った方が子供らしさというのは表しやすいんですよ」

(『楽屋のれん』より)

荒事は、江戸の民衆が生んだ理想の英雄である。歌舞伎十八番「暫」なら、紅の筋隈に振分髪の前髪つきの「車鬢《くるまびん》」と呼ばれる鬘、柿色の素襖に長袴に三升《みます》の鍔つきの大太刀を手挟むという誇張された出で立ちの主人公が、いままさに善人方を斬ろうとする藍隈の悪公卿を超人的なちからで取りひしぐ。

初代市川團十郎が創始し、その子二代目團十郎によって完成されるが、主人公の「鎌倉権五郎」や「曽我五郎」の「五郎」が御霊《ごりょう》(無念に死んでいった英雄の怨霊)に通じると言われるように、荒事を「家の芸」とする市川團十郎自体が「荒人神《あらひとがみ》」的性格を持つまでになっている。

冒頭の発言は、羽左衛門が平成十二年(二〇〇〇年)一月歌舞伎座で、歌舞伎十八番「矢の根」の曽我五郎時致を演じた時のもの。この時、羽左衛門八十三歳である。

「荒事は父(六代目彦三郎)が九代目(團十郎)から教わって、その通りをお手本として残すつもりでやっています」(『楽屋のれん』)。

父親の六代目坂東彦三郎は五代目菊五郎の三男で、六代目菊五郎の実弟。芝居の故実に通じると同時におっとりとした芸風で、狂言舞踊の大名の大らかさは語り草になっている。凝り性だった父菊五郎に似て、時計蒐集では根岸の自宅玄関の大時計をいつもグリニッジ標準時に合せていたので「大時計」と大向うから声がかかるほどだった。

兄六代目と同じく、彦三郎も九代目團十郎の薫陶を受けた。五代目菊五郎死去を受けて、明治三十六年(一九〇三年)三月、歌舞伎座「吉例曽我礎」(「曽我対面」)で養兄栄三郎が曽我十郎役で六代目梅幸、次兄丑之助が曽我五郎役で六代目菊五郎を襲名した際、彦三郎も本名・英造から八幡三郎役で六代目栄三郎を襲名している。その荒事の知識も、筋金入りであったろう。

何故荒事は若い時より歳を重ねた方が楽なのか。そのカギは「子供らしさ」ということばにある。二代目團十郎も言っている。「荒事は七つ八つの子供のまねをする心なり。俠者《きほい》のまねは下司ばるなり」(「歌舞伎雑談」)と。

荒事の主人公がいくら稚気溢れるスーパーマンであっても、演じる側が力まかせに演じて良いものではない。十代目三津五郎も言う、「ゴム鞠が弾むようにかわいくやるのが、荒事です。直線的でトゲトゲしているのは、けっして荒事ではありません」(『坂東三津五郎　歌舞伎の愉しみ』)。あくまでこどもの「まね」であり、それを「らしく」見せてくれるのが「型」である。

六代目菊五郎が「車引」の梅王丸を演じた時の写真が残っている(昭和十六年三月歌舞伎座)。「菅原伝授手習鑑」の一コマで、菅丞相(菅原道真)に旧恩ある舎人梅王丸・桜丸兄弟は、丞相左遷に憤って吉田社頭に藤原時平の牛車を襲う。二人は時平の鋭い眼光に射すくめられて目的を果たせず、轅《ながえ》を捨てて悔しがる場面である。

梅王丸の真っ直ぐに突き出された右足とピンと立った親指、三本太刀を手挟みながら、落とせるところまで落とした腰、両手を正面でぶっちがえて、グッと反り返った上半身。辛辣な劇評家・岡鬼太郎が「鳥居派の芝居絵そのまま」と絶賛した通りの見事な量感だが、これらはすべて「型」の集積によって「七つ八つの子供のまね」「力を入れているさま」を見せるのだ。

無論、ここに至るまでには、身体を痛めつける厳しい修練が必要だが、いちど「型」を叩き込んでしまえば老人になっても出来る。老人だからこそ、無駄なちからが抜けて「型」が美しく浮彫りされる。戦後、八十歳近かった七代目幸四郎の花川戸の助六が、荒若衆の骨法を喪わなかったといわれている秘密もここにある。七代目三津五郎は身長一五〇センチほど、独特の口跡の役者だったが最晩年の荒獅子男之助は「荒事のお手本」と言われていた。老木にこそ荒事の花が咲くという逆説である。

羽左衛門は言う。荒事は「「情のあるせりふを言っちゃいけない」ということは父からよく注意されました」(『楽屋のれん』)。これは、三津五郎の言う「荒事の禁物は、うまいです。うまい荒事は絶対にだめですね。むしろまずいほうがいい」(『歌舞伎の愉しみ』)という言葉に通じている。

「情のあるせりふをいう」ということは、その役が一定の性格を持っているからだろう。近代劇なら、まずその役の性格作りから掘り下げるのが常道だ。ところが、荒事の場合そうした

「役作り」「性根」「肚」という概念がかえって邪魔になる。「なかを空っぽにしておいて、「怒《いかり》」の一文字だけを入れておけばいい。……冬の空のようにスコンと抜けているほど、その崇高さが生きてきます」(同書)。

若い頃のりきみや客気が抜けた先に、より豊かな世界が広がっている。「俠者《きほい》のまねは下司ばるなり」とは、改めて良く言ったものである。

二代目松本白鸚
「祖父は役者というものの宿命を詠んだのではないか」
(『幸四郎の見果てぬ夢』より)

白鸚は俳句を嗜む。著書にも、エッセイを交えた俳句写真集『松本幸四郎の俳遊俳談』、句集『仙翁花』がある。亡くなった三津五郎にも「爽寿」の俳名で句作があった。

歌舞伎と俳句の縁は深い。役者が俳名を持ったのは初代團十郎が「才牛」と名乗ったのが始まりで、以後歌舞伎役者は松本幸四郎なら屋号「高麗屋」に俳名「錦升」、「高麗屋錦升」の呼び名が本人と同義語になったし、梅幸、芝翫、訥升、我當のように、芸名としても使われるようになった。即興性のなかに機知と諧謔を盛り込んだ俳諧は、役者がせりふを作ったりする時の実用という以上に、流行風俗に常に「かぶく」ことを忘れなかった歌舞伎の精神と響き合っていたのである。

白鸚の母方の祖父初代吉右衛門は、高濱虚子の門を叩き、自身も句集を持つ俳人だった。その句「雪の日や雪のせりふをくちずさむ」に、白鸚は思う。

「それまでは祖父らしい風流な句だなと思っていたのです。ところが父が亡くなった日も舞台に出て、役のせりふを同じように言わねばならぬ体験をしてから、この句のイメージが変わりました。祖父は役者というものの宿命を詠んだのではないか」。親の死に目にも逢えぬのは役者の常であり、それでも役者は初めてその芝居に接する観客のために日々「毎日が初日」の気概で幕を開け、舞台を勤めあげていく。句集『仙翁花』のあとがきで、白鸚はこの句が自分を俳句に導いたと言っている。

俳句を詠むとは、対象と同時に詠み手自身も客体化することだろう。吉右衛門には「破れ蓮《や》の動くを見てもせりふかな」というズバリ役者の業を抉った句があるが、先ほどの「雪のせりふをくちずさ」んでいる本人と同様、破れ蓮を凝視する吉右衛門自身がそこにいる。白鸚もまた俳句に惹かれたのは、単に祖父の趣味への追懐だけではなく「恰も一身にして二生を経るが如く、一人にして両身あるが如」(福澤諭吉)き彼の役者人生が投影されていよう。

将来を嘱望された若手時代。父八代目幸四郎(初代白鸚)、弟萬之助(現吉右衛門)ら一門で松竹から東宝入りしてからは菊田一夫によってミュージカル「王様と私」「心を繋ぐ六ペンス」に抜擢され、スターダムにのし上がる。昭和四十五年(一九七〇年)三月にはブロードウェイで「ラ・マンチャの男」に主演、以後ライフワークとなる。昭和五十四年(一九七九年)松竹に復帰してからは祖父吉右衛門ゆかりの重厚な時代物から新作まで幅広く手掛け、「勧進帳」の弁慶は上演千回を超えた。平成三十年(二〇一八年)一月歌舞伎座で、九代目幸四郎から二代目白鸚を名乗り、長男十代目幸四郎・孫八代目染五郎と親子三代の襲名を披露している。

「歌舞伎役者」と「ミュージカル俳優」としての二生。東宝での生活は十八年に及んだ。無論途中で歌舞伎にも出演しているが、そこからは当然歌舞伎を相対化する「眼」が培われてくる。彼は、六代目菊五郎による「六代目歌舞伎」や祖父初代吉右衛門の心理的な役作りに共鳴し、「歌舞伎とは、そこに心理描写を取り入れたからといって、そのものの持つ良さが壊れてしまうような、そんな脆弱なものではないのです」という。その上で、いま歌舞伎が荒唐無稽な様式や、一幕だけの上演で筋立てがわからない、あるいは誤った解釈などを一緒くたにして「わからなくていいんだ」と開き直っている現状を嘆いている(『ギャルソンになった王様』)。若き日、歌舞伎への懐疑から父先代白鸚とぶつかった経験を持つ、この人らしい問題提起である。

義太夫狂言「新薄雪物語」の幸崎伊賀守は我が子の命を救うために陰腹を切る皮肉な役で、祖父吉右衛門、父、そして白鸚も演じた。彼は言う。「昔は「懐に栗のイガを抱えているような気持ちで(陰腹の苦痛を表現する)」なんて芸談が残っています。しかし、これからは、栗のイガに代わる、もっとリアリティのある別の何かを、懐に抱えて演じなくてはならないと思っています。また、そうしていかなければ、ノスタルジーではない生きた歌舞伎を演じていくことは、できないと思うのです」(同書)。

「もっとリアリティを」「生きた歌舞伎を」。白鸚のこの叫びは、新劇運動というリアリズムの波がひたひたと押し寄せてきた時の六代目菊五郎らの苦闘と見事に重なっている。リアリズムか、「芸」への回帰か。二者択一では割り切れない、現代歌舞伎が抱える苛立ちがそこにある。白鸚にとって、その日々の戦いの末の、戦士の休息の地が十七文字なのかも知れない。

朱夏の陽にまどろむでゐる役者かな

(句集『仙翁花』より)

四代目坂田藤十郎
「私は頬被りをして出ていくのが十歩だろうが何歩だろうが、そんなことは一度も気にしたことがありません」
（『坂田藤十郎――歌舞伎の真髄を生きる』より）

頬かむりの中に日本一の顔

藤十郎の祖父初代中村鴈治郎の当り役「河庄」紙屋治兵衛の舞台姿を詠んだ、岸本水府の句である。大阪道頓堀松竹座の横に、いまもその句碑が立っている。

「河庄」は近松門左衛門の浄瑠璃「心中天網島《しんじゅうてんのあみじま》」の改作。天満の紙屋治兵衛は、おさんという妻と子がありながら北の新地の遊女紀の国屋の小春に溺れ、心中の約束までしている。揚幕から出た治兵衛は、白手拭の頬被りに小サ刀を差して懐手という出で立ち。「哀れ逢瀬の首尾あらば、それを二人の最後日と毎夜毎夜の死覚悟」と竹本の詞章にある通り、心ここにあらずの陶然とした様子である。「魂抜けてとぼとぼ、うかうか」で前によろけ、思わず右の草履が脱げる……。初代鴈治郎はこの足取りを上方和事の粋にまで洗いあげた。

その父の芸を継いだ二代目鴈治郎の芸談をここで引こう。「芸は観て覚えるもんや」との父の教えを守って、二代目は舞台袖、正面から父の治兵衛を見、果ては花道下の奈落でその足音を聞いた。

「父が、花道を出る。揚幕がチャリンと音をたてて開きます。私は、花道の下の奈落で、同じように舞台に向かって進んでいきます。チョボ(竹本)もうっすらと聞こえるし、父の足音も、花道の板をへだてて伝わってきます。一歩、二歩、三歩、上の父の治兵衛が止まると、下の私も止まります。父が動けば、私も動く、こうして「のぞく格子の奥の間に」のチョボで舞台にきて門口までたどりつくのでした」(『鴈治郎の歳月』)。息子である藤十郎の冒頭の発言と見事な対照をなしているのがわかるだろう。

大阪のシンボルとして、死去に際しては号外まで出た初代鴈治郎。若い頃の二代目は、常に「初代のミニチュア」と揶揄された。それだけに、二代目は「初代鴈治郎」になろうとした、それに対して藤十郎は「紙屋治兵衛」になろうとしたのである。

もちろん、藤十郎の治兵衛の基盤が祖父以来の型であることは揺るがない。しかし、三代目鴈治郎から藤十郎への襲名を控えた公演では「祖父の演技も父の演技も、脳裏には全く浮かんで」こず、「ここで脱ごうと思っていなくても気がつけば草履が脱げているという状態」(『坂田藤十郎』)だったという。先人の「型」を身体に叩き込んだ末に、「型」からすっかり自由になり、ただ紙屋治兵衛がそこにいる、という境地である。

その原点は、藤十郎がまだ扇雀といった若き日の「武智歌舞伎」の記憶であろう。義太夫狂言を中心に、原典に立ち返っての歌舞伎演出の再検討を目指していた武智鉄二は、扇雀・坂東鶴之助(のちの五代目中村富十郎)ら若手を徹底的に鍛えあげた。

「一番いいものを見て、一番いいものの中に育っていないと芸が貧しくなる」(同書)との武智の方針通り、文楽の豊竹古靱太夫(のちの山城少掾)・竹本綱太夫・竹澤弥七、能の桜間道雄、京舞の井上八千代(愛子)ら錚々たる人々が指導にあたる。古靱太夫の浄瑠璃からは、浄瑠璃本文を揺るがせにせず、ドラマと人間を究極にまで掘り下げたその語り口、桜間道雄からは「息を詰める」技術を学んだ。息を詰めると腹式呼吸になり、腹から声を出すことが出来る。それら名人の芸は、若き藤十郎の眼に「絶対的なもの」として焼きついた。彼らはいずれも、型に忠実で型から自由であった。

藤十郎の出世芸といえば、「曽根崎心中」の天満屋の遊女お初である。昭和二十八年(一九五三年)八月、近松門左衛門作の浄瑠璃が宇野信夫の脚色で歌舞伎化されたとき、当時扇雀といった藤十郎は父鴈治郎の徳兵衛の相手役のこの役に抜擢される。「天満屋」を抜け出して心中に向かう花道。本来なら立役の徳兵衛が先に手を引いて引っ込むが、偶然立ち位置が徳兵衛と入れ替わり、お初が先頭になって引っ込んだ。これがかえってお初の一念を際立たせ、ハプニングがそのまま型になった。そこには、中村扇雀ではなくてお初というおんなが疾走していたからであろう。以後、お初の上演回数は一三〇〇回を超えている。

藤十郎が憧れ、遂にその名跡を復活した元禄の名優初代坂田藤十郎は言う。「身ぶりはこゝろのあまりにして、よろこびいかるときは、をのづからその心身にあらはるゝ」(『役者論語』「耳塵集」)。若き日、藤十郎がお初で駆け抜け、円熟してのち治兵衛で陶然と歩んだ花道の先は、いずれも初代藤十郎の目指した「身ぶりはこゝろのあまりにして」の芸境へと連なっているのではないだろうか。

五代目中村富十郎

「やっぱり左団次のリズム、菊五郎のリズム、羽左衛門のリズム、みんな違うわけですよ。それをちゃんと知ってなきゃだめだっていうわけです」

（『武智鉄二　伝統と前衛』より）

平成十年（一九九八年）十二月、南座顔見世。夜の「熊谷陣屋」。富十郎は白毫の弥陀六実は弥平兵衛宗清を演じていた。平家の一門で、平重盛の死後御影の里に退き石屋に身をやつしつつ、再起への鬱勃たる思いを秘めている喰えない老爺である。

感心したのは、義経に正体を見顕されて、両肌脱いだ襦袢の図柄が梵字であったこと。人によっては宗清が菩提を弔っているというこころで、平家の公達の名前をズラズラ書いてあることがあるが、これでは拷問して詮議しようという梶原平次景高に、平家の余類とたちまち露顕してしまう。さらに、義経に対峙しての「テモ恐ろしい眼力じゃよなァ」以下の長ゼリフが、イキを詰んで足取りが速いこと。本行《ほんぎょう》（人形浄瑠璃）でいう「タテ詞」の技法で、平治の乱で頼朝・義経の命を助けたばかりに、運命に翻弄されたこの老人の怒りと悔恨が鮮やかに出ていた。役者に手紙を出すなど昔も今も滅多にないのだが、その旨を葉書に書いて送ると、まもなく本人から電話が掛かってきたのには恐縮してしまった。

「あのね、ご指摘頂いたタテ詞、あれは山城(少掾)のお師匠《っしょ》さんが口を酸っぱくして教えて下さったんです!!」。嬉しそうな、舞台の細川勝元そのままの、あの歯切れの良い涼やかな声が受話器から飛び込んできた。

坂田藤十郎の項でも触れたが、富十郎(当時坂東鶴之助)の青春は「武智歌舞伎」とともにあった。「歌舞伎演出の再検討」を標榜する武智鉄二の下で富十郎が学んだことは、一字一句揺るがせにしない厳密な原典解釈と、演じる役のよって来たる源流を探る旅だった。

例えば昭和二十四年(一九四九年)十二月、大阪文楽座での「熊谷陣屋」の熊谷。家臣の堤軍次が、鎌倉方の梶原平次景高が何か詮議の筋ありとかで奥に来ている、と告げる。これに対して歌舞伎では熊谷が「詮議とは何事ならん」と平たく呟くが、本行(文楽)では「詮議、とは」と間を置く。いよいよ首実検だというのに、梶原に偽首の一件を察知されては水の泡である。熊谷の見せ場である、敦盛(実は我が子小次郎)を討った経緯を語る「物語」は、藤の方・相模、そして奥の梶原に聞かせるのが本来なのである。その意味で「詮議、とは」は観客に梶原の存在を意識させる重要な思入れである。この行間の意図を見抜くちからを養うと同時に、それに見合う表現方法、すなわち文楽の息遣いを富十郎は文楽の名人豊竹山城少掾・竹本綱太夫・竹澤弥七から叩き込まれた。

興味深いのは、同じ義太夫狂言でも「石切梶原」の場合は、武智は十五代目羽左衛門の弟子羽多蔵を通して、橘屋（羽左衛門）の型を富十郎に学び取らせたことである。富十郎が、羽左衛門の外孫（母・吾妻徳穂が羽左衛門の娘）ということもあろう。武智は「石切梶原」を愚劇と認識していた（私はそうは思わないが）。それを生かすのは、本文尊重以前に派手で華やかな橘屋型しかない、というのである。あるいは、岡本綺堂の新歌舞伎「鳥辺山心中」の菊地半九郎では、初演の二代目左團次のもとにいた市川寿海から、左團次のセリフ術と、欧米から摂取したバレエのテクニックを伝授されている。

こうした武智の指導の基底にあるのは、「風」の重視であろう。義太夫の世界では、その浄瑠璃の初演が竹本座か豊竹座かで、語り口が違う。これを「風」と呼ぶ。あるいはその浄瑠璃を最初に語った太夫の名を冠して「筑前風」「大和風」などと呼び、語り口・弾き方を後世に厳密に伝えている。「風」がその作品の性格を規定しているのである。歌舞伎でも、「六段目」の勘平が花道でおかるの駕籠を止めるときの「狩人の女房が御駕籠でもあるめえじゃあねえか」や、二人侍を迎えての「ずんと些細な内証事」のセリフ回しは、文化文政の名優三代目菊五郎のそれをそのまま今に伝えている。単に真似ているのではなく、三代目菊五郎の芸風自体が、早野勘平という役の性格を規定しているからである。「弁天小僧」の六代目菊五郎のイキを、富十郎は六代目のもとに居た伯父の四代目尾上菊次郎から教わった。

「「名せえ由縁の弁天小僧、菊之助たあ、俺のことだ」って言いますね。これはもうご存知の台詞ですから、大きく派手にやっちゃう。でもそれは違うんです。六代目のは、ゆすりの場だからということで「菊之助たぁ、俺のことだぁ」と鼻の下をのばして(会場笑)、張らないで言う、これが六代目方式なんです。だから地味なんです。そのかわり、勢揃いのときは、「弁天小僧、菊之助!」と、こう派手にやるんです。こういうふうに、差がなけりゃいけないって言われました」。

これは平成二十二年(二〇一〇年)六月十一日、明治学院大学での武智鉄二をめぐるシンポジウムでの発言で、私も聴いていた。富十郎が錆びた声色で「俺のことだぁ」と落としたとき、六代目菊五郎のリアリズムの一端がわかったように思った。翌年一月、富十郎は八十一歳で死去する。聴いておいて、本当によかったと思う。

富十郎は、武智の下で学んだ能狂言・京舞・義太夫の豊富な知識を、その抽斗に大切にしまっていた贅沢な人だった。あの爽やかな口跡は、天性もあろうが、羽左衛門・菊五郎・左團次のリズムを我が物にした上で勝ち取った賜物であったろう。「それをちゃんと知ってなきゃだめだっていうわけです」という最後の一言は、とかくひといろにまとまりがちな昨今の歌舞伎への遺言であったかもしれない。

四代目市川猿之助
「知らないでやれないのは無知。知ってて敢えてやらないのが妙味」

（『猿の眼――僕ノ愛スル器タチ』より）

伯父三代目猿之助の得意とした「義経千本桜・四の切」を受け継ぎ、彼が創始したスーパー歌舞伎の「Ⅱ（セカンド）」と銘打ち、「ワンピース」など刺激的な舞台を見せている四代目猿之助だが、その著書もユニークだ。

例えば『猿之助、比叡山に千日回峰行者を訪ねる』は、平成二十一年（二〇〇九年）、比叡山千日回峰行を満行した光永圓道・大乗院住職との対談集。光永住職の苦行体験に該博な仏教の知識で切り返しながら、いつしか芝居の話になっていくのが面白い。

「伝統を頑なに守ることは案外、簡単だと思うんです。新しいものを否定すればいいだけですから。……むしろ、新しさをどう取り入れていくかの方が難しい」「回峰行も、これまでの長い歴史の中で滅びていったもの、いろいろとあると思うんです。……何を変えてゆくか、何を残していくかという大事な問題」と、伝統と革新のせめぎ合いを歌舞伎のいまと重ねていくという具合である。

要は異業種交流。伯父先代猿之助がモーリス・ベジャールやピーター・ブルックとの交遊で外から歌舞伎を観たように、猿之助も離れた眼から歌舞伎を俯瞰しようとしている。

ここで紹介する『猿の眼』は、猿之助が川喜田半泥子作の赤楽茶碗(銘「払雲」)をはじめ愛蔵の器を紹介しつつ骨董の周辺を綴ったエッセイ集である。猿之助は骨董についてはすでに「病膏肓《こうこう》に入る」の域で、芝居絵も相当なコレクターらしい。収載されたエッセイでは、「侘び」「寂び」など日本文化の特徴とされるものが、いかにも漠然として定義しづらいという話題から、「腹八分目の藝」の話になる。すべてを出し切るのではなく、八分に抑えてやるのが大人の芸だが、これは十分な技量を持った人だからこそで、五、六分目の人が八分に抑えたところで力不足になる。それは「やらなくてもいいけど、知っておきなさい」という先輩の教えに通じるとして、冒頭の言葉に繫がる。実際、猿之助が若き日先輩に教えを乞うた時、事前にその役の異なる型を詳細に調べて稽古に臨んだので、その先輩がいたく感心したという話を聞いたことがある。実感のある言葉なのだろう。

「型を学ばないで破ったら、それはただの型無しだ、と。そういうことなんですよね。学ばなければいけない。先人の芸をしっかりと吸収した上で、元来の型を破っていく」（『猿之助、比叡山に千日回峰行者を訪ねる』）。奔放な舞台とは別の、ストイックに物事を究めようとする若者の貌が、行間から覗いている。

歌舞伎役者たちは、茶器・書画をはじめとする骨董と何を語らっているのだろう。八代目三津五郎は茶道にも通じ、骨董コレクターとしても知られたが、その鑑賞眼はもちろん芸と無縁ではいられなかった。

武智鉄二との座談会で、「王羲之の行書と顔真卿の楷書の筆をおろすところ、抜くところの呼吸を覚えて、能でも歌舞伎でも観ると良い。その間尺に合わないやつはどこかが間違っている」という武智の言葉に頷いた三津五郎は、京都の南画展で観た沈石田の絵巻物に描かれた、細かい波の線のイキの長さに歌舞伎のセリフのそれとを重ね合わせて感嘆する。

あるいは宮本二天（武蔵）の絵についてはこうである。「とにかくなんか頭をスパーッとひっぱたかれたような気がしますよ」「芸をやるものは、ぜひ一ぺん二天の絵を見るといいですね。うまいとかまずいとかと違うんだものね。それはなんだというと、結局、人間ということなんですね」(『芸十夜』)と激賞している。三津五郎が書画骨董に親しんだのは、一点一画、あるいはその佇まいから芸への手がかりを探るだけではなく、「うまいとかまずいとかと違う」絶対的価値を突き詰めるためであったろう。

猿之助も言う。人間は自身がどれだけ成長したかなかなか認識出来ない。だから背比べの柱の疵のような「変わらない一点」を欲するのだと。骨董こそがいわばこの「柱の疵」である。しかしそれは、歌舞伎と自分を隔てる時間軸を遥かに超えて存在し「それらと向かい合う時、自己の成長を測るという視点を飛び越えて、人間という存在が抱える偉大さと儚さに思いを馳せずにはいられない」(『猿の眼』)。

猿之助が演じる「四の切」の狐忠信は、義経の時代より遥か昔、桓武天皇の御世に雨乞いの為に親狐を狩り出された。しかもその親狐さえ「千年劫経る雌狐雄狐」である。あるいは「黒塚」の安達ヶ原の鬼女は、能では六条御息所の後身に見立てる説もあるほどだ。このように、歌舞伎には時として人間とは異なる時間軸が流れている芝居がある。それを荒唐無稽と片付けて演じてしまうのは簡単だ。しかしひとたび猿之助のような「人間という存在が抱える偉大さと儚さ」という視点から、その物語と人間との距離を測ることが出来たなら、ドラマはより豊かに拓けていくのではないだろうか。

七代目市川新之助
「そこはやっぱり本名の「堀越孝俊」という人間で、舞台に出ているのも「堀越孝俊」だから」
（『新生』より）

発言者を敢えて「市川海老蔵」ではなく、前名の「市川新之助」とした。その理由は読んでいただければわかる。

歌舞伎役者には、三つの人格がある。

一市民としての「本名」、代々の伝統を背負う「芸名」、彼らが演じる「役名」。

坂東玉三郎なら、本名「守田親市」、芸名「五代目坂東玉三郎」（屋号大和屋）、そして五条坂の遊君阿古屋なり、太宰後室定高といった役々、この三つの顔で生きている。付言するが、この場合の「坂東玉三郎」は一人ではない。「襲名」は名を襲《かさ》ねるの意である通り、伝法な女を得意とし「五代目三津五郎」を追贈された初代、ニューヨークで客死した三代目（女優）、のちに十四代目守田勘弥となる四代目ら五人の「玉三郎」が襲《かさな》った集合体である。

新劇（もはや死語か）はじめ西欧演劇では、役に成り切るのが本来だから「俳優」と「役」とは明確に分離されていた。一方歌舞伎では、「役者」すなわち「役を演じる者」が芸を披露するという性格上、「誰々」が演じる助六、あるいは揚巻というように、役名の下の芸名(役者)を顕わにすることで、そのズレを楽しんでいた。歌舞伎十八番「暫」で、女鯰照葉が花道の鎌倉権五郎景政に「ああら、どなたかと思ったら成田屋の兄さん」と親しげに呼びかけたり、役者たちが勢揃いして挨拶を交わす襲名披露口上などがそれである。それでも、「芸名」の下の「本名」には誰も関心を持たなかった。「坂東玉三郎」は「坂東玉三郎」であって、「守田親市」は本来何ら歌舞伎と緊張関係がないはずだからである。

ところが、その「本名」の壁を易々と突き抜けて本舞台に踊り出てしまった若者がいた。ほかならぬ七代目新之助・いまの市川海老蔵である。

当時新之助の出現は、一つの「事件」であった。天下の二枚目だった祖父十一代目譲りの美貌だったが、そこには十一代目の陰翳・憂愁に代わって鋭い野生味が加わっていた。「弁天小僧」「勧進帳」「源氏物語」といった大役をこの若者が「抜ク《ひら》」(初演する)度に、私たちは宝石の原石が研磨され光を放つ瞬間に立ち会っていたのである。

とりわけ今でも瞼に焼き付いているのは「助六由縁江戸桜《すけろくゆかりのえどざくら》」での主人公・花川戸の助六の花道の出、通称「出端《では》」であった。

二代目市川團十郎が初演した「助六」は、吉原一の傾城・三浦屋揚巻と馴染む男伊達の助六が、揚巻の元に通う大尽・髭の意休を挑発、重宝の名刀友切丸の盗賊と見抜いて討ち取るまでを描いた痛快劇である。さらに「曽我狂言」と綯交ぜにされ「助六実は曽我五郎時致」という設定が加わることで、江戸っ児の理想像としての助六人気は一層高まった。七代目團十郎が「歌舞伎十八番」を制定した際、真っ先に加えたのがこの「助六」であった。

市川家が「助六」を演じる時は伴奏は古風な江戸浄瑠璃「河東節《かとうぶし》」と決まっている(尾上家は「清元」)。この「河東節」に誘われるように、揚幕から蛇の目傘をすぼめた助六が颯爽と登場するのが「出端」。傘は花の雨を避けるこころである。

九代目團十郎は言う。「この助六は花道へ出てポンと傘を開いたとき、俺は日本一の色男だと思ふ自信がなければ出来ない役だ」(『九世團十郎を語る』)。二十二歳の新之助の助六には、その良い意味での「不逞さ」「不遜さ」が輝いていた。

ここから、河東節に合せて花道上での様々な仕種に移るのだが、九代目はここを「世間では踊りのように思つてゐるが、あれは踊りではなく語りである」(同書)と言っている。私は新之助の出端を観たとき、初めて九代目のいう「語り」の意味がわかったと思った。

「紋日待日のよすがさえ」と傘を肩にかけてグルリと廻るくだりをはじめ、新之助の助六の視線は、終始本舞台の一点に鋭く注がれる。ほかならぬ髭の意休。「辻占茶屋に濡れて濡る」など、揚巻との逢瀬を語る濃厚なノロケで、意休にわざと聞かせて挑発している。新之助の身体が「語り」かけているのだ。細部は拙著『市川海老蔵』に譲るが、加えて新之助の全身から発する一種の「怒気」で、観ていて怖いほどであった。お馴染みの吉原を舞台にした祝祭劇という「予定調和」は、ここでは粉々に粉砕されていた。

そこにいるのは、市川新之助でもなく、花川戸の助六その人だった。もっと不思議なのは、「助六は我等の同時代人」であるという、他の役者にはない強烈な感覚である。

その謎の鍵が、彼の言葉に隠されている。彼は「市川新之助」ではなく現代の若者「本名・堀越孝俊」として助六を演じることで、時空を易々と飛び越えたのである。

若さゆえにこそ出来る「人間宣言」であったかも知れない。「時分の花」がもたらした、ひとつの奇跡だった。

事実、私はあの新之助時代を超える舞台に、いまの海老蔵ではまだ出逢えずにいる。

十八代目中村勘三郎

「感性の触角に絶縁体を被せたようじゃ、瑞々しい芝居はできないよ。心を弾ませていれば、役者の筋肉はその役のためにしっかりと動くもんです」

（『勘三郎、荒ぶる』より）

今はもうないが、歌舞伎座の昭和通りを挟んだ向かいに、「奥村書店」という歌舞伎専門の古書店があった。知る人ぞ知る名物店主で、私も芝居の帰りに雑誌「演劇界」のバックナンバーなどを蒐めによく通ったものだが、その店で、勘三郎（当時勘九郎）の番頭さんが「若旦那に頼まれて」と、『月草』を探しているところに偶然出くわした。

『月草』（明治二十九年、春陽堂）は森鷗外の評論集で、後半・弟の劇評家三木竹二が担当した部分が歌舞伎劇評「観劇偶評」である。三木竹二は、本名森篤次郎。内科医の傍ら雑誌「歌舞伎」の編集に携わった。その劇評は医師のカルテを思わせる客観性と細緻さで、五代目菊五郎の「髪結新三」など、行間からその粋と愛敬がありありと見えてくる。

勘九郎が『月草』を、と聞いて、正直感心した。まだ『観劇偶評』（渡辺保編）が出る前だったから、当時はかなりの稀覯本だった。私も神保町で見つけて慌てて手に入れたが、結構値が張った。分厚い本の扉を開くと、古本特有の黴臭さがツンと鼻についたものだ。まして、若い役者でそれだけ演劇書に目配りしている人はあまりない。

こんなことを書いたのは、この『勘三郎、荒ぶる』を読んでいて、勘九郎が「義経千本桜」のいがみの権太を演じるにあたって、三木竹二を参考にしたという挿話にぶつかったからである。勘九郎は現行の「型」(祖父六代目菊五郎)以前の演じ方が気になり、調べていくうち竹二の記録した五代目菊五郎に行き当たったたという。

「三木竹二の本を読んだら、五代目菊五郎は最後に権太が「おとっつぁーん」と言って親父の手を握る、と書いてあるんです。極道息子が、父親に許してもらった瞬間の気持ちと動作が描かれている」(同書)。

ちなみに三木竹二の本文は「「親子の名残」にて弥左衛門の手を握り、顔を見合せ」とある。勘九郎の「感性の触角」は、そこから権太の性根を読み取ったのである。

「でも、今の演出だと周りの役者が草履を直したりするへんな動きが入って、こんなふうに盛り上がらない。ものすごく散漫なの。だから僕は、五代目と同じに演ったんです」(同書)。歌舞伎には、本来演出家はいない。演出を任されるのは、その一座の座頭、この場合勘九郎である。五代目菊五郎の型で、とプランが決まれば、現行の型から逆算して「へんな動き」を剪定し、いがみの権太と鮓屋弥左衛門の和解へとドラマを集約させていく。

「新しいものを生み出すためには古典に還る精神も大事なんだってことが分かった。「常識だ」と言って、道理に合わないことをやっているほうが滑稽でしょう。歌舞伎だって、生きた演劇なんだ」(同書)。

コクーン歌舞伎、平成中村座と、とかく「型破り」の一面がクローズアップされる勘三郎であったが、型があってこその型破り。そして型の底には、それぞれの役柄の肚があり、性根がある。そこを摑まえて初めて、勘三郎という「役者の筋肉はその役のためにしっかりと動」き出すのである。

その探究は最後まで続いた。平成二十四年(二〇一二年)五月、平成中村座で勘三郎が「神明《かみの》恵和合取組《めぐみわごうのとりくみ》」(「め組の喧嘩」)の辰五郎を演じた時である。弟子の小山三が持ってきた古い柳行李の中から、六代目菊五郎が書いた辰五郎の型の覚書が見つかった。覚書には、辰五郎が相撲の四ツ車らへの仕返しを決意する「何、あいつらに、負けるものけぇ」というセリフの「あいつらに」の下に小さく「ツケ」と書いてある。ここで手拭をポンと投げてツケが入る。演じてみてもなるほどそのほうが派手になって良い。十五代目羽左衛門の辰五郎の、喧嘩での死を覚悟しての水盃のやりかたまで書いてある。それを読んだ勘三郎は「だから僕がこれからやる役は、あらゆる文献を調べてみようと思ってます」(『勘三郎伝説』)と言っていたという。

しかしそれも叶わなかった。この平成中村座ロングラン公演終了後、初期の食道癌が見つかり、療養生活に入る。七月に一度、長野県松本での平成中村座千穐楽にサプライズ出演したものの、平成二十四年十二月五日、五十七歳で還らぬ人となった。

生前、勘三郎は、祖父六代目菊五郎が自らの身体で「歌舞伎の教科書」を書き遺し、それが役者たちのバイブルになっているのは素晴らしい。だが、「教科書を読む側の想像力が足りないんじゃないか、と思うことが多いです」(『勘三郎、荒ぶる』)と言っている。その想像力、いや読解力を叩き込んでいた勘三郎、そして三津五郎を我々は相次いで喪ってしまった。

そのちからを如何に受け継ぐか。いまは続く世代の「感性の触角」が試されようとしている。

第四章　終わりなき芸の道

勘三郎，勘太郎(現勘九郎)，七之助の連獅子．平成 22 年 4 月歌舞伎座

六代目中村歌右衛門

「芸格というものは、天性と、積みあげて出来るものとふた通りありますけれど、天性そなわっている人のほうが大きい」

（『女形　六世中村歌右衛門』より）

歌右衛門と七代目尾上梅幸は、ともに立女形として戦後歌舞伎を牽引した。昭和三十年(一九五五年)六月、歌右衛門が新橋演舞場、梅幸が歌舞伎座で「京鹿子娘道成寺」を競演した時、ノートをとるために何日も劇場に通ったなどという渡辺保の回想を読むと、無性に羨ましい。育った学校も「吉右衛門劇団」と「菊五郎劇団」、芸風も「古風で濃厚」と、「近代的であっさり」と好対照だったが、互いに「藤雄さん、誠三さん」と本名で呼び合い、認め合う仲だった。

それは、歌右衛門の長男四代目梅玉の語るエピソードでもわかる。平成四年(一九九二年)四月、歌舞伎座、梅玉が襲名披露で「伊勢音頭」の福岡貢を演じた。この時の仲居の万野が歌右衛門で、貢に散々憎まれ口を叩いたあと、裏を向いて煙管をくゆらせ始める。ここからが梅幸のお紺のしどころ、貢への愛想尽かしが始まる。

「本当に結構なお紺だと言っておりました。梅幸さんという方は、歌舞伎をよく知らない方には何にも芝居をしていないように見える、でもそうじゃないんだ、って。ちゃんと御自分の心の中で芝居をなさってるんだ、特にお紺はたいしたもんだ、って言っておりましたね」(『歌右衛門合せ鏡』)。

お紺は恋人の貢のために、阿波の侍・徳島岩次になびいて名刀青江下坂の折紙《おりかみ》(鑑定書)を手に入れようとしている。この愛想尽かしのお紺の胸中には、冷ややかな言葉とは裏腹に、貢への濃密な情と申し訳なさが交錯している。歌右衛門は一見「何にも芝居をしていない」かに見える梅幸の「心の中」を見据えた。確かな「肚」と、それを表現する無言の「思入れ」、これこそが歌舞伎なのだ、と。

歌右衛門は、甥七代目芝翫の長男福助に「『河庄』の小春にしても、治兵衛と孫右衛門のやりとりのときとか、「源氏店」のお富も、与三郎と多左衛門がしゃべってる間、うしろに行ってるときが難しい」(同書)と話している。芝居を忘れて「素」になってはいけない、常に役になっていなくてはいけない。その点でも、梅幸のお紺はまぎれもなくお紺であった。

梅幸は父六代目菊五郎から「途中でお客さまの手を叩かすな。幕が下りて初めて「ああ、よかった」と、ハーッとため息が出るような芸を心掛けよ」(『拍手は幕が下りてから』)と言い聞かされて育った。六代目が梅幸に求めたのは、芸の巧拙ではなく、身体からおのずと滲み出る「芸格」とでもいうべき高みだったのである。

その一つの例として、常磐津舞踊「積恋雪関扉《つもるこいゆきのせきのと》」の歌右衛門の小野小町、梅幸の良峯少将宗貞を観てみよう。八代目幸四郎(初代白鸚)が関守関兵衛実は大伴黒主と揃った大顔合わせの舞台(昭和五十四年五月歌舞伎座)は、今でもDVDで楽しむことが出来る。

歌右衛門は渡辺保との対談で「「そんならこれより宗貞さま」と言うと、そこで一息飲んで、「小町殿」と言う。それでふっと、「おさらば」と。いかにも恋仲の人なの」(「歌舞伎　研究と批評17」)と絶賛している。この「小町殿」の余韻を受けて、歌右衛門も「ふっと」情感を込めて別れを告げることができるわけだ。舞台がありありと瞼に浮かんでくる。これより先、逢坂の関で先帝の菩提を弔っている宗貞と小町との恋物語。歌右衛門の小町の「わたしもその時母上の」以下のクドキが実にしっとりとし、「後生菩提もどこへやら捨てて」のくだりなど、濃厚な情が歌舞伎座の客席一杯に匂い立つようであったが、それをじっと受けている梅幸の宗貞が、それこそ何もしないのに、品といいやわらか味といい実に素晴らしかった。歌右衛門と梅幸、ふたりがまるで合わせ鏡のように、互いの芸を照射していた。

冒頭の文章の前に、歌右衛門はこう言っている。
「草花は年々皆さん研究なさって新しい品種が生まれて来ますが、歌舞伎のほうとなりますと、品種改良はむずかしい。とかくいいほうに向かわず、品質低下になりがちです。それは、基礎を学ばないでいてその時その時の字を書いているからです。それを思っても、大樹の年輪の重みをしみじみ感じます」。
歌右衛門は、生涯の好敵手であり理解者であった梅幸を、その大樹に重ねていたのかも知れない。

五代目坂東玉三郎
「もしいつかあたしが定高をやって、それをしてなかったら教えてちょうだい」
（『虹の脇役』より）

この話を伝えているのは、女形の名ワキ役・三代目中村歌女之丞。国立劇場歌舞伎俳優研修生(二期)を修了後、中学二年の時テレビで観てから憧れていた六代目歌右衛門に入門、修業を積んできた人だ。

平成三年（一九九一年）四月、師匠・歌右衛門が歌舞伎座で「妹背山婦女庭訓《いもせやまおんなていきん》」三段目「山の段」の太宰後室定高《さだか》を勤めた。この時、歌女之丞は後見で、歌右衛門の体調を考慮して、普段は使わない花道七三で腰掛ける合引《あいびき》（腰掛け）を持ち運ぶ役だった。歌右衛門が立ち上がると、合引を片づけるので、それまで歌女之丞は下手幕溜まりに控えて師匠の芝居を見守った。いつもとは違うイレギュラーな角度から観ることで、歌女之丞は師匠の定高に「ある発見」をした。それを別の機会に、玉三郎に話したのである。

「旦那（歌右衛門）がドブ（花道より下手側の客席）のお客さまにしか見えない芝居をひとつ、なさったんですね。……いかにも定高らしい芝居をひとつ、なさったんです……」。玉三郎は「それは何なの？」と訊く代わり、冒頭の言葉を返したのだという。

「妹背山婦女庭訓」は、大化の改新に題材を採った、近松半二ほか作の雄渾な人形浄瑠璃として知られる。特に三段目「山の段」は、桜満開の吉野の山々を背負って、中央に滔々と流れる吉野川に隔てられて、舞台上手背山の大判事家と下手妹山の太宰家の間の確執と悲恋が展開する。取り分け太宰の女当主定高は、立女形屈指の大役である。

かつての歌舞伎は、西の花道（本花道）に並行して東の歩み（仮花道）が常設されていたが、いまは必要な時だけ仮設される。とりわけ「山の段」には両花道が不可欠だ。客席はそのまま吉野川に、両花道は川土手両岸に見立てられる、壮大な舞台空間である。

その仮花道を、大判事清澄が腕を組み黙念として歩を進める。少し遅れて本花道を出た定高が客席ごしに(つまり川ごしに)その背に声を掛ける。「大判事様、御役目御苦労に存じます」。

「役目」とは何か。この直前、二人は蘇我入鹿の館に呼び出されていた。定高の娘雛鳥に執心の入鹿は、雛鳥を入内(入鹿は皇位を僭称している)させ、天智帝に心を寄せる大判事の子息久我之助を自分に従わせよ、と親たちに命じた上、配下の荒巻弥藤次に香具山の頂から遠目鏡で両家を監視させる。

入鹿の権柄に承諾したものの、久我之助と雛鳥は恋人同士。何とか添わせてやりたいのが親心である。しかし入鹿への入内など雛鳥は承知するはずもないし、愛する久我之助のために生きてはいまい。とはいえ入鹿の命に歯向かえば家は断絶する。後に定高は「せめてひとりは助けたさ」と述懐しているが、その思いは大判事も同じこと。そこで先ほどの定高の川(客席)を隔てての「御役目御苦労に存じます」以下のハラの探り合いになる。

しかし二人の様子は香具山の絶頂から監視されているので「子が従わねば打ち果たすまでのこと」と、双方二重三重の殻を被ってのやりとりにならざるを得ない。とりわけ、定高の「枝振り悪い桜木は、斬って接木を致さねば、太宰の家が立ちませぬ」のセリフは三代目菊五郎から五代目彦三郎にセリフ廻しが伝わった至難なしどころとされている。

ここで歌右衛門の定高がドブに顔を向けるとすると、「お捌きを待っております」と応じた定高と大判事が「詞そばだつ親と親。山と、大和路分かれても」という竹本とともにぐるりと客席を見回すくだりだろう。実際、歌右衛門の気迫は凄まじかったらしい。この時妹山で語っていた竹本葵太夫は「花道七三でピーンと張りつめていらっしゃる気のようなものが、こちらへ風圧がかかるように届く」ので、歌右衛門が本舞台にかかって自分の前を通過するとホッとしたという(『歌右衛門合せ鏡』)。

この花道七三で歌右衛門は何をしたのか。「旦那が裏を向いて、じっと目をおつぶりになったんです」(歌女之丞談。『虹の脇役』)。

のちに定高は娘雛鳥の久我之助への揺るがぬ貞節を知り、自ら愛娘の首を打ち落とす。背山でも、久我之助は従容と切腹し、父大判事もその覚悟に感じ入らずにはいられなかった。

定高がいつ雛鳥を殺す決意をしたかは常に議論があるところだが、客席ではなく裏を向いてのこの定高の瞑目は、この母親のひとつの決意を示している。

冒頭の玉三郎の歌女之丞への言葉は、歌右衛門がドブに向かってした「何か」こそ、定高という役の核心だと悟ったからであろう。逆に、自分が定高を演じる時が来てそれをしていなかったら、まだ定高になり切っていないのだ、と。

ここで、古参の弟子・坂東弥五郎の言葉が思い出される。この「妹背山」ではないが初日のあと、玉三郎の楽屋に気がついたことを言いにいくと、「(鏡台前の)座布団から膝をおろして、左手を畳に置いて、「はい、はい」とうなずいて、「どうもありがと」とおっしゃってから、またらくな姿勢に戻りなさる。……たとえ弟子の話でも、芸に対して襟を正すわけなんでしょうね」(『役者は勘九郎』)。玉三郎の養父・十四代目守田勘弥の教育が偲ばれる。

平成三年大判事を演じた吉右衛門を相手に、玉三郎は平成十四年(二〇〇二年)一月歌舞伎座で定高を初演。平成二十八年(二〇一六年)九月、二度目の「山の段」も吉右衛門の大判事の一徹な親心と響き合うようで、歌舞伎座の立女形に相応しい重厚な演技をみせた。玉三郎があの思入れをしたかは見逃してしまったが、次回への楽しみがひとつ増えた。

二代目片岡秀太郎
「「好きなのよ」という本心を、うなじというか、首筋から出すんです」
（『上方のをんな』より）

平成二十九年（二〇一七年）四月歌舞伎座「伊勢音頭恋寝刃《いせおんどこいのねたば》」での、片岡秀太郎の今田万次郎が素晴らしかった。今田万次郎は、家来筋の御師（神職で、参詣客の祈禱・宿泊の世話をする）福岡貢とともに名刀青江下坂とその折紙（鑑定書）の行方を捜している。その詮議の過程で貢は伊勢古市の「油屋」で馴染みの遊女お紺に訳あっての愛想尽かしをされ、錯誤の末仲居の万野を斬った貢は、妖刀青江下坂に操られて大勢の人を殺めてしまう。万次郎はいわばその惨劇のきっかけを作った人物だが、歌舞伎では「つっころばし」といわれる柔弱な若殿・若旦那の役柄として処理される。

この月は、いつもの「油屋」に加えて、「追っ駆け」と「二見ヶ浦」が出た。秀太郎の万次郎の出番はここからだ。拙文から引用しよう。「秀太郎の万次郎が懐手をして染五郎（現幸四郎）の貢とともに花道から舞台にかかると、サッと空気が変わった。まだ夜の明けぬ闇の中に白く浮かんだ顔。舞台中央で帯に手をやった時、身体全体から醸し出されるやわらか味と色気は、いまどき貴重な和事師のそれであり、一緒に引っ込む隼人の林平と並ぶと、その一昔前の肌触りが一目瞭然である」。

「油屋」でも、意地悪な仲居の千野がうるさいので、米吉のお岸から「蛍はもう大林寺の方へ」と団扇で立ち去るよう促されたときの、秀太郎の万次郎の下手へ引っ込む足取りには堪能した。十三代目片岡仁左衛門の次男として、昭和二十一年(一九四六年)十月、京都南座で初舞台を踏んで以来、上方歌舞伎盛衰の歴史を自らの身体に刻んできた底力が、そこには光っている。

無論、秀太郎の本領は女形にある。なかでも、「伊賀越道中双六《いがごえどうちゅうすごろく》・沼津」のお米は傑作である。雲助平作の娘お米の前身は、全盛の花魁松葉屋瀬川。その瀬川に和田志津馬が馴染み、澤井股五郎の奸計によって、瀬川身請けの金の代わりに重宝正宗を質に取られてしまう。股五郎は志津馬の父行家を謀殺、志津馬も手傷を追う。秀太郎のお米は、平作の言う通り「せせなげに咲いた杜若」の残り香の色気と同時に「私ゆえに騒動起こり」という自責の陰翳が素晴らしかった。

志津馬の手傷を治すため、お米は闇に紛れて実の兄とも知らず呉服屋十兵衛の所持する印籠を盗もうとする。この時のクドキについて秀太郎は言う。

「〈我が身の瀬川に身を投げてと〉の瀬川のところで、肘を張って懐手をする傾城としてのポーズをするという口伝があります。そのまま上手を向いてから下手にかけて、川の流れを見こむというのが型ですね」。

つまり、この型はポーズでお米の前身・傾城を表し、前に川が流れている(実際にはない)というこころで「瀬川」を全身で記号化しているわけである。

「私の場合、瀬川としての気持ちはあるけれど、あんまりポーズはしないです。ただ、川の流れの底の方をずーっと見て、引き込まれそうになっている。私はそういう演り方にしていきます」(『上方のをんな』)。

ここでの秀太郎は、前述の型をすべて自分の中で咀嚼した上で、型から自由に、気持ち本位に運ぼうとしている。恋人志津馬だけではなく、老父平作への不孝と申し訳なさに、身の置き所のないひとりのおんながそこにいる。

冒頭の発言は、秀太郎の「心中天網島」の紀の国屋小春についての発言である。紙屋治兵衛と契った小春は心中の約束までしていたのだが、治兵衛の女房おさんからの手紙に義理を感じ、治兵衛と別れる決意をする。秀太郎が言うのは、侍姿に変装して廓にやって来た粉屋孫右衛門(治兵衛の兄)を前にしてのクドキである。「なんの因果で死ぬる約束した事ぞ、と思えば悔しい、悔しゅうござんすわいなぁ」と口では言うものの、「口と心は裏表」で、本当は治兵衛のことが好きでたまらない。その本心を「うなじというか、首筋から出す」というのである。

「これがなかなか難しい。テクニックや技では出ません。心で出さないといけませんね」。うなじ・首筋が醸し出す色気は、演じる役者の巧拙によってまだ何とかなるだろう。しかしそこに本心を滲ませるというのは、身体全体で小春の悲哀を物語らねばならない。鍛え抜かれた無言の「思入れ」の芸が必要になってくる。

坂田藤十郎（当時三代目鴈治郎）の主宰する「近松座」で小春を演じた時、秀太郎は文楽の綱太夫・弥七のレコードを繰り返し聞いて役に臨んだ。その後、平成五年（一九九三年）南座の顔見世で、孫右衛門役の團十郎が「小春をよく勉強してらっしゃるのは分かります。でも、あんまり可愛くないんだな。もっとぽわっと色気があって、抱きしめたくなる小春じゃないといけないんじゃないかなぁ」（同書）。その言葉に秀太郎は知識を無理に詰め込んで技巧に走った自分を恥じ、こだわりを捨てたという。

基礎や技巧を超えた先の「芸」とは何か。片岡秀太郎は、舞台の上でそれを教えてくれる、いまや数少ない役者のひとりである。

四代目中村雀右衛門

「出す足ごとに相模の心情が乗り移っていきます」

（『私事――死んだつもりで生きている』より）

四代目雀右衛門は、遅咲きの、そして大輪の女形の華だった。

大正九年（一九二〇年）、六代目大谷友右衛門の子として生まれ、戦前は名子役大谷廣太郎として名を馳せた彼も、応召中の昭和十八年（一九四三年）に父を鳥取地震で亡くし、復員後は後に岳父となる七代目幸四郎を頼る。ここで幸四郎から勧められたのが、立役から女形への転向だった。二十七歳、女形としては遅いスタートである。

七代目友右衛門を襲名後、軽い気持ちで出演した映画「佐々木小次郎」（昭和二十五年東宝、稲垣浩監督）が大ヒット、一躍銀幕の寵児となる。しかし、この「二足の草鞋」が災いしてか、復帰後は当時衰退しつつあった関西歌舞伎に一時移籍している。

昭和三十九年（一九六四年）、四代目中村雀右衛門を襲名。戦死した旧友中村章景（三代目雀右衛門長男）との家同士の交流が縁となった。三代目雀右衛門は、鈴のような目元が印象的な愛敬のある女形で、昭和二年（一九二七年）十一月、大阪中座「本蔵下屋敷」に出演中、三千歳姫の衣裳のまま亡くなるという哀話がある。名実ともに「女形の家」を立ち上げた雀右衛門は、六代目歌右衛門・七代目梅幸に次ぐ世代として、平成歌舞伎を牽引した。

紹介したのは「一谷嫩軍記《いちのたにふたばぐんき》・熊谷陣屋」の女房相模。雀右衛門当り役のひとつである。十六歳の我が子小次郎直家の初陣が心配で、夫熊谷次郎直実の言いつけに背いて、坂東から遥々西国の戦場に向かった相模。夫の陣屋には、旧恩ある平敦盛の母藤の方が来ていて、熊谷が敦盛を討った、助太刀して夫直実を討たせよと迫る。

現行の「熊谷陣屋」は、百姓たちが制札を読んでいる「埃鎮《ほこりしず》め」のあと、直ぐに相模の出になる。「相模は障子押し開き　日もはや西に傾きしに夫の帰りの遅さよと」。

この場の雀右衛門についての、渡辺保の委細を尽くした分析を引く。「右足が敷居をやっとこえる。しかもその右足の爪先は、外輪に右手を向いているが、右足そのものは体の左方向へ出る。向う(右手。犬丸註：夫熊谷直実を案じる)を見ながら足は逆に上手(左手)へ出るのだから、当然上半身と下半身は別々の方向を向く。したがって腰を中心にねじれがおこる。……次に左足が出る。相模は向うを見つめたまま、二重屋体中央を縁端近くまで進む。そこで、下手向きになった体で、スーッとふり返って上手の障子屋体を見て思い入れになる」(『名女形・雀右衛門』)。

わずかそれだけの仕種に、実に様々なドラマが隠されている。

「夫の帰りの遅さよと」には、息子小次郎は無事なのか、本当に敦盛を討ったのかを夫直実に問いただしたい思い、上手への思入れは障子の向こうにいる藤の方から突き付けられた難題への苦慮である。これらすべてを肚ひとつ・思入れひとつで表現しなくてはならないのである。

数え切れぬほど演じた相模だが、雀右衛門は八十一歳の時、歩を進めるごとに「ああ、これが息子を案じる母親の必死な気持ちなんだな」と身体ごと納得できたという。

「母親相模が、わたしの身体に乗り移って心身ともに一体となった。……出す足ごとに相模の心情が乗り移っていきます。……ああ、これだ、この気持ちだ、この動きだという法悦境とでも申しますか、ああ、歌舞伎役者をやってきてよかった、生きていてよかったと、心からの悦びが身体を貫くのです」(『私事』)。

思えば、女形人生をスタートさせた直後の雀右衛門は、深い困惑の中にいた。「たとえば、ひとつひとつの立ち居振る舞いの型は覚えているので、どうにか形にはなっています。ところが困ったのは、型から型にうつるあいだの空間の動きです。その空間をどのような動きでつないでいけばいいのか皆目わからないのです」(同書)。

そのとき手は、頭は、裾捌きは……。型にがんじがらめに呪縛された青年がそこにいる。実際、絶望した彼は地方公演先のホテルの七階から身を投げようとして思いとどまっているのである。一方、八十一歳の相模には、型を守りつつ、型から自由な境地に達した円熟がある。「型から型にうつるあいだ」に必要なのは「空間の動き」だけではない。型を繋ぐのはその役の肚であり、性根である。それを会得できたのは、彼の人生のいくつかの「寄り道」、とりわけ戦争があったのだと思う。

雀右衛門は南方の戦地で凄まじい経験を重ねてきた。屍臭・腐臭は「心のどこかにブレーキがかかっているようで、あのにおいだけは思い出しません」。「生と死は紙一重。隣にいる人とわたしの命は、まったく同等。その人の過去、わたしの過去。家族。優しい人も、悪いことをした人も、個々の違いはまったく関係なく、いつでも吹き飛ばされるものとして存在しているのが戦争の怖さ、非情さです」(同書)。

息を吸って、吐いて、その瞬間にまだ命があると確かめる日々。だからこそ、息子の身を案じて戦場の危険を顧みない母親の思い、その我が子を夫直実に「身替り」として手折られたと知ったときの慟哭を、雀右衛門は実感として理解できたのだと思う。

「女形は六十歳にならないとものにならないよ」。

雀右衛門が女形に転向する際の、岳父七代目幸四郎のはなむけの言葉である。雀右衛門が相模ではじめて「女形の芸はこれなんだな」と法悦境を経験するまで、実に半世紀の歳月が必要だったのである。

十五代目片岡仁左衛門

「目新しい服を着て目を引くことに頼るより、今着ている古い服をいかに新鮮に見えるように着こなすかなんですよね」

（『仁左衛門恋し』より）

人形浄瑠璃（文楽）を歌舞伎化した義太夫狂言は、現行歌舞伎のレパートリー中六割は占めるだろうか。その当代最高の演じ手として最長老・坂田藤十郎は措いて、中村吉右衛門と片岡仁左衛門を挙げることに異論はないだろう。何よりも義太夫という音曲を身体に叩き込み、役の肚・性根を我が物にしている。特に仁左衛門は、孝夫を名乗っていた頃の凜々しい花形時代とはひとまわり大きく、いまや父十三代目仁左衛門の薫陶が一気に花開いた眩さである。

平成二十八年（二〇一六年）暮、京先斗町歌舞練場での顔見世で演じた「双蝶々曲輪日記《ふたつちょうちょうくるわにっき》」（「引窓」）の南方十次兵衛が素晴らしかった。その手先に思わず吸い寄せられたのである。お尋ね者の濡髪長五郎の絵姿を買い取る（見逃す）と母お幸に請負った十次兵衛が、畳に散らした金を、やさしく手で寄せ集める。それが「鳥の粟を拾うように溜め置かれたその銀」というセリフと響き合う。母思いの実直な性格が染み渡り、胸が熱くなった。

代官に取り立てられて「ただ今立ち帰った」と身づくろいする時の愛敬、女房お早と喜び合うじゃらじゃらとした手触り。平岡・三原両人を呼びに行くとき大小を忘れ「仕舞った」と引き返す細部が、かつて南与兵衛として浮無瀬《うかむせ》で遊蕩していたこの男の過去を偲ばせている。

お早が引窓をピシャリとしめて「内は真夜となりにける」となるくだりで、仁左衛門が身体で「闇」と二階の長五郎への警戒を表現して見せたのには感心した。思入れとこなしひとつで、舞台が明るくも暗くもなる。叩き上げた芸がそこにあった。

平成二十九年(二〇一七年)十一月、歌舞伎座夜の部の「忠臣蔵五・六段目」。東京では十一年ぶりの勘平であったが、それこそ水も滴る美しさだった。「五段目」で、「晴れ間を」の竹本で笠をとった表情に漂う華やかさと愁い。定九郎を誤って撃つ二度目の出では、音羽屋型のように花道で撃たないが、首を傾げてあたりを窺う向こうに、漆黒の闇が広がっていくようであった。猪だと思い込んで、藁束・山刀で探って行き、縄を繰り出すまでのそれぞれのかたちが、義太夫の糸に乗って、見事なフォルムとしていまも瞼にある。

「六段目」では、前半・上方式に盥で足を洗った直後「御紋服を持っておじゃ」と照れるあたりの色気と愛敬が、糸入縞の財布を見てから絶望へと変わって行く暗転が素晴らしかった。舅与市兵衛の死骸が運び込まれてからの「五体に熱湯の」の苦悶から「畳に喰い付き天罰と」で財布を握る悔恨まで、早野勘平という若者を巡る一種の「運命劇」が立ち上がるのは、仁左衛門がきっちりと浄瑠璃本文を読み込み、肚を把握している賜物である。

印象的だったのは、与市兵衛の死因が刀疵、すなわち下手人は勘平ではなく定九郎とわかり、二人侍に仁左衛門が「御疑いは晴れましたか」と対峙した時の、千崎弥五郎役の若手・坂東彦三郎の、涙で歪んだ顔である。幕切、下手で一礼しつつすすり泣く千崎というのも初めて観た。朋輩勘平の無実を信じてやれなかった悔恨とでもいうべき別のドラマがここにも浮かぶ。仁左衛門の気迫が、彦三郎の内部に思わぬ「化学反応」を生んだのである。

前後するが、平成二十七年(二〇一五年)十月、歌舞伎座「一條大蔵譚」も面白かった。平家全盛の世を憚って「作り阿呆」として生きていく一條大蔵卿長成は義太夫狂言の中でもユニークな人物造型で、すでに吉右衛門の舞台に定評がある。仁左衛門の大蔵卿は東京では初めてだったが、「奥殿」では御簾内からの「ヤアレ方々、驚かれな」の第一声がまず凜然とし、「作り阿呆」のおかしさ・あざとさよりも公家言葉と武将との音遣いの使い分けに重点を置いていた。そこから、清和源氏の累葉ながら「故あって」長袖者と交わったという、一條長成という男の複雑な陰翳が描かれていく。

面白いのは、大道具の後景が広々とした大広間を示す「千畳敷」ではなく、泉水の夜景だったこと。東京と異なる型を敢えて演じることにキチンと彼なりの見識があり、狂言舞になって「暁の明星が、西へちろり……」のくだりでは、ドラマの上での時の推移がより立体的になる。「早う去《い》ねよ」「とっとと去《い》なしゃませ」と促しながら、夜明けとともに長成は公卿の世界、即ちいつもの自己韜晦の闇に溶けていくのが鮮明になった。

このほか、義太夫狂言ではないが真山青果作の新歌舞伎「元禄忠臣蔵」の「御浜御殿綱豊卿」では、謳い上げるセリフの妙を堪能させてくれた。しかし将軍職を望むとの中傷を嫌い遊興に耽るという甲府宰相綱豊(のちの六代将軍家宣)の役は、「忠臣蔵七段目」祇園一力茶屋での由良之助の遊蕩という歌舞伎の古典の確かな「抽斗」があってのことなのだ。

これらの舞台は決して目新しいことをしているわけではない。「古い服」は、それ自体が決して古いわけではない。演じ手の芸によって、如何様にもそのいのちを甦らすことができる。仁左衛門の舞台は、それを立証しているのである。

十二代目市川團十郎

「名人と言われる人の見ている外部世界は、ふつうの人の見ている外部世界とずいぶん違うような気がします」（『童の心で――歌舞伎と脳科学』より）

團十郎が亡くなった翌朝、急遽テレビのワイドショーに出演した私は、團十郎がどんな役者だったかと問われて、

「決して上手い役者ではなかったが、実に立派な役者だった」

と答えた。スタジオの空気は微妙だったが、私は今でも彼への最大級の賛辞だと思っている。

團十郎の言う「名人」とは六代目歌右衛門のことである。歌右衛門は、まだ新之助といった團十郎を、昭和四十四年（一九六九年）九月歌舞伎座「狐と笛吹き」をはじめ、積極的に相手役に起用した。昭和五十年（一九七五年）四月歌舞伎座「かさね」での、歌右衛門のかさねに海老蔵（以下、團十郎）の与右衛門もそのひとつである。幼友達の脳科学者小泉英明との対談で、團十郎はその時を回想している。

「（歌右衛門は）ご自分の世界を構築しながら後に目はないはずなのに外部世界の三六〇度が見渡せているようで怖いのです。経験からわかるのか特別なセンサーが付いているのか、脳波が

強くて私の脳が影響を受けているのか。何かはよくわかりませんが、その境地を伝染させてこちらもうまくなったような気がしてくるのです」(『童の心で』)。

清元舞踊「かさね」は、鶴屋南北の怪談狂言「法懸松成田利剣《けさかけまつなりたのりけん》」という長い芝居の一コマで、本名題は「色彩間苅豆《いろもようちょっとかりまめ》」。

腰元かさねは浪人の与右衛門と契るが、与右衛門は主家への帰参叶わず書置を残して出奔する。木下川堤で追いついたかさねは身籠ったことを明かして掻きくどく。二人が死のうとしたその時、鎌の刺さった髑髏と卒塔婆が流れ着く。それこそ、かつて与右衛門に殺された百姓・助。かさねは助の娘であった。助の怨念が娘に「かさね」合され、かさねは醜く変貌する。

團十郎が、歌右衛門は「三六〇度が見渡せている」と思ったのは、かさねの姿に自身の罪業を見た与右衛門が、思わず後ろから斬りつけようとする清元の「駒下駄はいて歩いたら」のくだりをはじめ、後半の凄艶な立廻りのカドカドだろう。斬りかかろうとする与右衛門にキッと振り向く。歌右衛門のかさねは、背に一切隙を見せなかったのだ。

この舞台は当時、中学三年の私も観ている。團十郎の演技がたどたどしいことは私にもわかった。与右衛門は、十五年前、久保田金五郎と名乗っていたころ、かさねの母で助の女房・菊と契っている。いまや四十に近い壮年の「色悪」がかさねを手玉に取る設定だから、当時の團十郎の年齢では荷が重かったはずである。昭和四十八年(一九七三年)九月歌舞伎座「東海道四谷怪談」の伊右衛門もそうだが、私はなぜ歌右衛門がそれほど團十郎を起用するのかわからなかった。

團十郎はその「四谷怪談」の体験にからめて、こう言っている。

「先代の水谷八重子さんのお相手をさせていただいたときもそうです。すごい役者さんは、相手の芝居まで上手にしてくれるんですね。自分でいうのもおかしいですが、自分があたかもうまくなったように導いてくださるんですよ。これはすごいことだと思うんです。自分だけがうまくやっていればいいというものではなくて、周りもうまく見せる芝居のできる役者にならなくてはと痛切に感じました」(『團十郎の歌舞伎案内』)。

三六〇度に眼がある、ということは、歌右衛門の全神経が「かさね」なら「かさね」の下座音楽からワキ役まで隅々にまで研ぎ澄まされていたことである。歌右衛門の「座頭」としての責任感。その視界に当然團十郎もいる。一分の隙の無い演技で、歌右衛門は役の「呼吸」を團十郎に受け渡していたのだろう。「私のかさねは与右衛門の芝居をこう受けたのだから、次はあなたがこう受けなさい」と。立女形の呼吸がそのまま伝わることで、團十郎にもカウンターパートナーとしての「格」が自ずと身について来る。團十郎は言う。「とにかくおじさん(歌右衛門）は、この鈍くさい市川家の人間を何とかしなくちゃならない、という思いがあったんだと思いますね」（『歌右衛門合せ鏡』）。将来、市川宗家を背負うものへの「帝王学」であり、「その境地を伝染させてこちらもうまくなったような気がしてくる」というのはその機微を指しているのだろう。

事実、昭和六十年（一九八五年）、十二代目團十郎を襲名したころの彼は、見違えるように立派な役者になっていた。

元禄の名女形芳澤あやめは「下手を相手に取たる時、その下手を上手に見する様にするが、芸者のたしなみなり」（『役者論語』「あやめぐさ」）と言っている。やはり元禄の名優坂田藤十郎の相手をする役者は、女形・若衆方・立役・道外・親仁方まで、藤十郎自ら教えるので、せりふの息継ぎやしぐさまで上手に、格別に良く見えた。それに比べて藤十郎自身は役が少なく、目立たない場合もあった。ある人が本人にそれを嘆くと、藤十郎は「狂言さへよくばかんにんあれ」と笑い、「藤十郎が芸の善悪は、かねて見物よくしれり。全く藤十郎を見する芝居にあらず。狂言を見する芝居也」（『役者論語』「耳塵集」）と答えたという。歌右衛門は藤十郎ほどストイックではなかったかもしれないが、後輩の舞台まで、常にその質への目配りを怠らなかった。

こうした「怖いおじさん」の眼が、歌舞伎を引き締めていたのだ。

「周りもうまく見せる芝居のできる役者」を目指した團十郎だが、平成二十三年(二〇一一年)七月、愛息海老蔵が謹慎明けに演舞場の舞台に立った「江戸の夕映」(大仏次郎作)の堂前大吉役が忘れ難い。維新の箱館で死場所を喪い荒み切った海老蔵の旗本本田小六を「小六が帰って来たよ」と暖かく迎え入れ、盃を差し出す情愛が、途中から芝居にして芝居にあらず、旗本朋輩を超えて「父と子」に重なって見えた。

その時、團十郎は「決して上手くはないが、実に立派な役者」だった。

十三代目片岡仁左衛門

「八十も半ばになったこのごろは、もう何も考えなくなった。……近ごろ私は、まことに気持よく舞台をつとめている」

(『芝居譚』より)

十三代目仁左衛門は、最晩年は視力を喪失する。

その兆候が見え始めるなか勤めた、昭和五十六年(一九八一年)十一月の国立劇場創立十五周年記念「菅原伝授手習鑑」の菅丞相(菅原道真)は、「奇跡」と語り継がれる舞台であった。

二段目切「丞相名残(道明寺)」。左大臣藤原時平の讒言によって筑紫に流される菅丞相が、途中河内国土師村の伯母覚寿の元で、養女苅屋姫に別れを告げる。丞相は「天神様」として神格化されているだけに、役者は楽屋で毎日精進潔斎して勤めるほどの役だ。しかも動きがほとんどない「動かない役」。役者の身体から滲み出る風格がすべてを決する。

仁左衛門はその高貴な品格もさることながら、苅屋姫との別離が哀切を極めた。姫がたまりかねて丞相の持つ檜扇に縋る。丞相が檜扇を離すと姫は上手に倒れる。丞相は「不憫な……」との思いを隠し、そのまま歩を進めようとする……。動きを極力抑えながら、無言の思入れのうちに哀しみが打ち寄せてくる。仁左衛門は、この丞相を父十一代目仁左衛門と初代鴈治郎の型を参考に、自らの工夫を加えて仕上げたと言っている(『菅原と忠臣蔵』)。のちに触れる青年期の修練の抽斗が生かされたわけだが、観るものにとっては、もはや「型」であって「型」ではない、菅丞相という神格がそこに居るかのような舞台だった。

私は歌舞伎を観始めた頃は、仁左衛門は粘っこいせりふ回しをはじめ、ずいぶん癖のある人に映ったのだが、そのアクが丞相ではすっかり消えていた。喪われゆく視力に代わって、研ぎ澄まされたその「心眼」がすべての夾雑物を洗い流したのである。

この菅丞相を映像に記録したのがドキュメンタリー作家の羽田澄子監督だった。羽田は仁左衛門の人柄に惚れ込み、その後昭和六十二年から平成六年まで足掛け八年密着、その貴重な記録が「歌舞伎役者 片岡仁左衛門」全六部作として結実する。上映時間実に十時間超、映像という雄弁な「芸談」である。

残念なことにDVD化されていないので、記憶に頼るしかないのだが、忘れ難い場面がいくつかある。瞼に焼き付いているのは、祇園の茶屋で実に愉しげに義太夫「三十三間堂棟由来《さんじゅうさんげんどうむなぎのゆらい》」の「木遣音頭」を連れ弾く場面。「和歌の浦には名所がござる……」。身体に染み付いた義太夫味もさることながら、その居住まいに惚れ惚れした。遊び心とその人柄が渾然一体。仁左衛門の「七段目」祇園一力茶屋の由良之助は、色気といい、紫の着付がピタリとはまって絶品だったが、その秘密を垣間見た思いがした。

若手勉強会で「一條大蔵譚」の稽古をつける場面。「とっと去《い》なしゃませ」「早よう去《い》ねよ」といった大蔵卿の公家言葉がなかなか身につかず、口をついて出ない弟子たちを仁左衛門は根気強く繰り返し指導していた。

そこには身体に叩き込んだ「型」への揺ぎない自負がある。明治三十八年(一九〇五年)初舞台を踏んだ仁左衛門は、歌舞伎座に君臨した五代目歌右衛門の子五代目福助(七代目芝翫の父)、十五代目羽左衛門の子竹松(十六代目羽左衛門)と同世代の名門松嶋屋の御曹司である。素直な人柄から「千代ぼん」(本名千代之助)と愛され、七代目中車、七代目幸四郎、六代目菊五郎ら錚々たる名優たちから親しく指導を受け、それぞれの型を熟知していた。後輩の松緑、梅幸、歌右衛門とは、世代がひとまわりも違う。それだけに「自分の知らぬことを簡単に「まちがっている」と言ってはいけない。「変わった型だ」と言うのはよろしいよ。しかし「違う」という言葉はよくよく調べてからでないと言ってはいけないのです」(『芝居譚』)と、型には一家言持っていた。

晩年の著書であるこの『芝居譚』でも、例えば「引窓」の南方十次兵衛が、二階の濡髪にさりげなく抜け道を知らせるくだりについて、初代鴈治郎は「よもや、そうは」といった後「ハハハ」と笑って「参りますまい」となるのが役者の愛嬌があふれて絶品だった、二代目延若は「よもや、そうは」と言ったあと手をぽんぽんと叩きながら「行きますまい」と砕けるやりかたで、それもいい味だった、と言っている。二人の芸風の違いが手に取るごとし。それぞれの型を比較分析しての再現力も、若き日の修業の賜物であろう。

仁左衛門は、代々熱心な日蓮宗の信者である。数多い著書のうちには『忘れられている先祖の供養』という一冊もあるほどだ。羽田の映像は、京嵯峨の仁左衛門家の仏事も丁寧に追っていて、それがひとつの「歳時記」になっている。お盆の迎え火など、まるで先祖を目の前にして対話しているかのようである。そこから見えてくるのは「自分は生かされている」という感覚、言い換えれば自身の卑小さを見詰める目だろう。それは、大病を一旦は克服した團十郎の「六十兆の細胞に生かされて」(『團十郎復活』)いるという達観にも、どこかで通じているだろう。そこからは、自分はこれまでの十二人の仁左衛門の魂を襲《かさ》ねあわせた存在であり、預かり物である芸を次代に受け渡していく「うつわ」であるという謙虚さが浮かんでくる。

仁左衛門は、八十半ばになった頃、鏡台前に座ると何も考えずその役に没入出来るようになったと言っている。

「つくづく思うに、これはここ七、八年来とみに視力が衰え、扮装《こしらえ》を終ったのち舞台に出るまで、わずらわしい何物も目に入れずにすむことが幸いしているのかもしれない。舞台に立っても永年の感覚で他の優の居処はわかるが、客席は見えないから気が散らない、雑念がはいらない」(『芝居譚』)。

次男の秀太郎は、花見が大好きだった仁左衛門は、目が見えなくなっても「ええ匂いやなぁ」と桜を楽しんでいたと語っている(『上方のをんな』)。いい話である。

仁左衛門は平成六年(一九九四年)三月、九十歳の天寿を全うする。前年十二月、南座顔見世「八陣守護城《はちじんしゅごのほんじょう》」の佐藤正清が最後の舞台だった。

羽田澄子の六部作の最後のタイトルは「登仙の巻」である。その長い役者人生の果ての枯淡、由良之助そのままの遊びごころ、篤実な宗教心。「仙境に遊ぶ」という言葉が相応しい稀有ななつかしい役者であった。

七代目尾上梅幸
「獅子の精が毛を振って振って、これでもか、これでもかとなると、今度はもう獅子の精ではなく自分になってしまいます」

（『現代の歌舞伎芸談』より）

梅幸のこの一節は「ここで一つ手をたたかせようという気になると、役を離れてもう自分になっているのですから、これはいけません」という自戒から続いている。「鏡獅子」といえば、前半の典雅な御小姓弥生から一転、後ジテでは勇壮な獅子の精の狂いを観せる歌舞伎舞踊の難曲だ。九代目團十郎が初演し、六代目菊五郎が現在のかたちに完成した。獅子の精が白く長い毛を「髪洗い」「巴」「菖蒲打ち」と呼ばれる仕方で振り回す場面は、客席を熱狂の渦に包む。

梅幸は女形であるが、父六代目譲りの「鏡獅子」を昭和五十五年（一九八〇年）十一月歌舞伎座、六十五歳の時まで勤めている。後ジテは千代田城の獅子であり、この毛の振り方ひとつにも風格が求められるという。「鏡獅子」はともかく、昨今の「連獅子」など「これでもか、これでもか」と「毛振り大会」のような舞台を泉下の梅幸が観たら何と言うだろうか。

「手を叩かれぬ芸」あるいは「手を叩かせぬ芸」。七代目坂東三津五郎は、息子の八代目三津五郎の教育にもっぱらSPレコードを使った。義太夫は竹本大隅太夫、常磐津は常磐津林中、清元は清元延寿太夫と、いずれも明治末の渋い名人ばかりで、八代目にはどこが良いのかさっぱりわからない。七代目は「今のお客が手を叩いてるのはいけないんですよ。あんなものに手を叩いてるのをいいと思っちゃいけませんよ」(『芸十夜』)と、当時はやらないものを褒めた。

「どうしてお父さんは、はやるものを褒めないの?」

「はやるものはダメになっちゃってるんだよ」

「どうして?」

「はやるからダメなんだよ」

一度拍手の味を知ってしまえば、演者はさらなる拍手を求めて観客の要望に媚びる。それが評判を呼び、その演者の芸はさらに流行《はや》る。彼の中では「手を叩かれたい」ということだけが自己目的化してしまい、芸本来の規矩や、さらなる高みの境地への希求が喪失してしまう。

梅幸は「踊りにウソがあるかどうか、プロはともかく一般のお客さまはわかるまいと思うのは間違いで、実に敏感に反応される」(『拍手は幕が下りてから』)と釘を刺す。スタンドプレーや媚びた芸をしても、その瞬間は拍手してくれるものの、観客の印象には残らないのだと。

その点、梅幸の踊る長唄舞踊「藤娘」は媚びた芸とは対極の名品であった。もともとは大津絵から藤の精が抜け出るという変化舞踊の一コマであったのを、現在のように真っ暗な舞台・客席が明転(芝居用語で「チョンパ」)すると、巨大な松に藤の花房という演出に改めたのは昭和十二年三月歌舞伎座での六代目菊五郎の工夫であった(装置小村雪岱)。

父譲りの梅幸は「藤音頭」で次第に酒の酔いが廻っていく振りの端正さも素晴らしかったが、その前に藤の房から走り出て、上手・下手・中央と客席に向かってお辞儀をする時の可愛らしさはほかに真似手がなかった。そこには紛れもなく「尾上梅幸の藤娘」がいた。冒頭の「自分になってしまう」という発言と矛盾する、という人がいるかも知れない。そうではなくて、「尾上梅幸」あるいは「寺島誠三」(本名)という素に戻っているのではなく、あくまで「梅幸が演じる藤娘」であったということである。その身体から発散する愛嬌は自然なもので、拍手を求める媚びとは対極にある。

自家薬籠中ともいえるこの「藤娘」だが、五百回以上踊っても会心の出来と思ったのは数えるほどしかないと梅幸は言う。「ちょっと油断して気を抜くと、踊りがだれる。常に初心を忘れないことだ」(同書)。忘我からふっと「自分になる」ことを、厳に戒めたのである。梅幸は「藤娘」を平成四年(一九九二年)五月、歌舞伎座で舞い納める。時に七十六歳。

温顔の紳士として知られた梅幸であったが、息子の菊五郎に対しては厳しい師匠であったらしい。その菊五郎の思い出に、地方巡業の折の地元の宴席でのエピソードがある。梅幸たちの前で芸者が土地の民謡で踊ることになった。

「チン、トン、シャンと始まると、いくら酔っていてもパッと座布団から降りて正座する。父がそうすれば、こっちも右へならえとなり、全員が正座してじっと見ることになる」(同書)。「手を叩かれぬ芸」か「媚びた芸」か、その審美眼は胸奥に秘しつつも、こと「芸事」に関しては貴賤なく敬意を払う。それが尾上梅幸の礼儀であった。

十代目坂東三津五郎
「この頃、ようやく音に身をゆだねて踊れるようになりました」

（『天才と名人――中村勘三郎と坂東三津五郎』より）

平成二十年（二〇〇八年）十二月歌舞伎座で、三津五郎は「京鹿子娘道成寺」の白拍子花子を踊った。坂東流にとって「娘道成寺」は重く、大切な曲である。文化文政の名優三代目三津五郎が得意として様々な口伝があり、明治に入って長老の女弟子坂東三津江が、七代目三津五郎（三津五郎の曽祖父）にその振りを写した。以後七代目が二度手がけて以来、七十年間手がける踊り手がいなかったのである。

「娘道成寺」は長唄舞踊であるが、最初の花子の「道行」の部分は「唄」ではなく浄瑠璃、つまり「語り物」（叙事詩）である。花子の華やかな風姿に秘めた、鐘への激しい情念（「安珍清姫」伝説）がそこでは語られる。現行の「道行」は竹本（義太夫）なのだが、坂東流は常磐津。太棹の強いタッチとは別の、江戸浄瑠璃独特の洒脱な美意識も、そこには必要になってくる。

そこで観た三津五郎の「道行」は、一篇の少女の淡い恋の回想であった。揚幕の出からして、気持ちが前へ前へと進んで行く。これは、曽祖父七代目三津五郎の「嫉妬物ですから……下半身は真直ぐに、上半身は心持一寸前へ」(『舞踊藝話』)という教えに忠実なのだが、のちに三津五郎本人も「久々に恋の思い出の場所に駆けつける、そういう女性の気持」(『坂東三津五郎　踊りの愉しみ』)という解釈を加えているのを読んで、なるほどと思った。常磐津の「道行」には四季の移ろいが丁寧に書き込まれている。「桜は散りて早苗時」の一巴太夫の浄瑠璃に乗せて、三津五郎の扇遣い一つで花道は満開の桜になり、「田の面に落つる」から「菊の下露」で秋風が身に沁みる。四季のカワリが実に鮮やかだった。そこに一本、花子の鐘への妄執という主題が通っていた。三津五郎はこの「道行」で、四季に託してひとりの女の一生を描いていたのである。

「坂東三津五郎」という名跡には、ふたつの貌がある。ひとつは、「踊りの神様」と呼ばれた七代目三津五郎に象徴される坂東流の「家元の家」。もうひとつは、江戸三座「守田座」の流れを汲む由緒ある「座元の家」。養子・婿養子と二代続いた坂東家久々の跡取り息子として、三津五郎はその伝統を一身に背負った。

父九代目三津五郎の稽古も厳しかった。足を割って極まり、その姿勢を保っていれば、筋肉が震えて来て、当然痛い。その状態をまず、覚えろと。「痛くないところで踊っていては、まだ身体が楽をしている。それではダメなんだと教えられました」(同書)。痛さを伴って「いい形」を覚えれば、身体が勝手にそこへもっていくようになる、というのである。こうして三津五郎は一点一画くっきりとした振りを身につけ、歳月が芸を身体のなかで熟成させていった。「娘道成寺」が楷書とすると、白拍子花子が実は狂言師左近の女装と見顕される「奴道成寺」は、典型的パロディで、いわば草書の踊りである。三津五郎の「奴道成寺」は何度も観ているが、とりわけ平成十五年(二〇〇三年)四月、香川県琴平・金丸座での舞台は愉しかった。

「まず幕が開いたときも、金丸座の場合はお客さまがもう明らかに非日常にいる。その非日常にいる自分に興奮している姿が空気として伝わってくる」(同書)と三津五郎本人も言っているが、「奴道成寺」のような洒落のめした踊りは、江戸の芝居小屋そのままの金丸座のような空間に実にピタリとはまるのである。

この踊りの眼目は「娘道成寺」の有名なクドキ「恋の手習」を、おかめ、大尽、ひょっとこの面を使って、遊女、客、幇間を踊り分けるくだりにある。

「露を含みし桜花、触らば落ちん風情なり」。この短い詞章の間だけでも。面の被り替えは目まぐるしいばかりだが、三津五郎はそのたびごとに、人物を生き生きと描出していく。手順に追われるのではなく、それぞれ三役の肚・振りがしっかりしている証拠であった。三津五郎の踊りを観ながら、「恋の手習」を廓の痴話喧嘩に戯画化してみせているようでいながら、本歌以上に女の恋心が、金丸座という濃密な空間に漂っていることに気がついたのである。

そこで冒頭の発言である。これは、平成二十五年(二〇一三年)歌舞伎座が再開場、その六月に「喜撰」を踊るにあたっての感慨だ。喜撰は橘諸兄の孫で、晩年は宇治山に隠棲したと伝えられる「六歌仙」のひとりだが、それが祇園の水茶屋の茶汲みお梶に懸想するという、いかにも江戸趣味の趣向で、お梶は小野小町の「見立て」にもなっている。この高僧の「聖と俗」を踊りきるわけだから、洒脱さを狙い過ぎても駄目で、「喜撰」の難しさは「考えてできるものではない。そこだと思います」(同書)。

このときの三津五郎の喜撰は、揚幕を出ての花道での振り「世辞で丸めて」以下の洒脱な味わいもさることながら、眼目の「チョボクレ」にはときを忘れた。「六歌仙」の一人である錚々たる歌人が、願人坊主の門付け芸を踊るという趣向自体奮っている。それだけではない。「花橘の小島が崎より一散走りに走って戻れば 内の嬶《かか》ァが悋気の角文字」というくだりなど、「橘の小島が崎」で「宇治十帖」の浮舟と薫・匂宮を踏まえ、そこから一気に下降して下世話な女房の嫉妬に移る。三津五郎のチョボクレは、このあたりが実に自在で、身体全体で、この黄表紙そのままの言葉遊びを描いていく。その刷毛さばきに私は陶然とした。

「肉体的にはだんだん大変になってきます。まだ大丈夫ですけれど(笑)、いつまで踊り続けられるかと考えたりすることもあります」(『天才と名人』)。

三津五郎は二年後の平成二十七年(二〇一五年)二月没する。五十九歳。すでに名人の域であったが、さらなる高みを目撃したかった役者であった。

十八代目中村勘三郎

「ようやく僕達もここまで来たんだね。でもこれからは体の方が下り坂になってくるんだろうから、俺たちの賞味期限はあと十五年くらいだろう。その間にできる限りのことをやっていこうね」

(『あばれ熨斗』より)

平成十年(一九九八年)八月歌舞伎座「棒しばり」で、三津五郎(当時八十助)の太郎冠者に、次郎冠者を踊った時の勘三郎(当時勘九郎)の感想である。二人の「棒しばり」は、昭和五十八年(一九八三年)十月、名古屋御園座で勘三郎二十八歳・三津五郎二十七歳でコンビを組んでから八回目であった。

「三社祭」にせよ「棒しばり」にせよ、踊り手が競い合う曲は、双方同じ肌合いでは面白くない。近年「三社祭」では、六代目尾上菊五郎の悪玉・七代目坂東三津五郎の善玉が絶品と言われた。奔放不羈な天才と、きっちり楷書の名人という芸風の対比が生きたのである。二人は明治末から大正にかけて、下谷二長町の市村座で共に汗を流した。市村座を率いた辣腕プロデューサー田村成義は、初代中村吉右衛門に九代目團十郎得意の時代物を、菊五郎に父五代目譲りの世話物を、そして菊五郎と三津五郎に得意の舞踊で競わせることで、彼ら若手を鍛えたのである。

「棒しばり」がこのふたりで初演されたのも、大正五年(一九一六年)一月市村座であった。作者の岡村柿紅は、狂言「棒縛」から、踊りの名手ふたりから両手の自由を奪ったらどうなるかという皮肉な趣向を思いつき、以後ふたりの当り芸となった。

十八代目勘三郎と十代目三津五郎は、その孫と曽孫にあたる。「見ると彼が、前を走っていましたから」とは三津五郎(『坂東三津五郎　踊りの愉しみ』)。良き好敵手として互いを意識したふたりは、祖父たちの気風をそのまま受け継いだ。ふたりが踊る「三社祭」を観た三津五郎の叔母の「フジテレビとNHKが踊っている」(『坂東三津五郎　歌舞伎の愉しみ』)という批評は言い得て妙である。勘三郎とディスコに行った三津五郎が「僕らには日本舞踊があるじゃないか」と言って、ふたりでディスコミュージックに合せて「三社祭」を踊ったという挿話(『十八代勘三郎』)が愉しい。さぞ規矩正しい踊りであったろう。

「棒しばり」を若い頃から手掛けてきたふたりであったが、初めは先輩たちから「そんなバタバタやるんじゃないんだよ」と叱られてきたという(『踊りの愉しみ』)。狂言物は「あはは」と笑わせるのではなく「うふふ」と笑わせるのだと三津五郎は言う。その入り口にふたりがようやく立てたのが、この平成十年(一九九八年)の舞台だった。これまで、一生懸命演技し踊ってきたその必死さと負けず嫌いのライバル心が、狂言舞踊の大らかさを妨げていた。しかし、回を重ねてきたことで力みや気負いが消え、素晴らしい相手に恵まれた感謝が生まれた、と三津五郎は言う(『あばれ熨斗』)。掲げた勘三郎の発言は、それに続くものだった。

ふたりが思いを一つにしたのが、八月の歌舞伎座であったことに意味があるだろう。もともと客の入りが悪く、歌舞伎の代わりにＳＫＤ(松竹歌劇団)などを掛けていた八月をふたりが任されたのは平成二年(一九九〇年)、勘三郎三十五歳・三津五郎三十四歳の時であった。平成四年(一九九二年)には、若手一座で「義経千本桜」を通している。平成五年(一九九三年)から現在の三部制になるが、夏らしい怪談狂言から古典、舞踊、「野田版研辰の討たれ」に代表される実験的新作に至るまで、それは「平成市村座」ともいうべき若手道場であった。ここから、橋之助(現芝翫)、福助、染五郎(現幸四郎)らが育っていったのである。

それにしても、平成十年で「自分たちの賞味期限はあと十五年ぐらい」という勘三郎の現状認識は、平成二十四年五十七歳で逝ったことを思えば、恐ろしいほど当たっている。だからこそ勘三郎は、コクーン歌舞伎での串田和美との古典歌舞伎新演出(平成六年三十九歳)、江戸時代の芝居小屋を現代に復活させた「平成中村座」立ち上げ(平成十二年四十五歳)という「できる限りのこと」を実現していったのである。

対する三津五郎は、八月歌舞伎は別にして、コクーン歌舞伎と平成中村座には距離を置いていたのが興味深い。「これは中村屋の実験」という遠慮もあろうが、「彼はそんな初心者的なものではなく、歌舞伎の藝の真髄を伝えるべき本当の意味での歌舞伎役者としての凄味を持っていた人なので、そこをもっと評価される晩年を迎えて欲しかったです」(『天才と名人』)という三津五郎の痛惜がすべてを語っている。

平成二十五年(二〇一三年)八月歌舞伎座で、三津五郎は「棒しばり」で勘三郎の持ち役だった次郎冠者を勤めた。太郎冠者は勘三郎の遺児勘九郎。三津五郎は勘三郎の次郎冠者の呼吸を、勘九郎に写したのである。これが、良き好敵手への返礼であった。そして平成二十七年(二〇一五年)八月の歌舞伎座。勘九郎の次郎冠者に太郎冠者を勤めたのは、三津五郎の遺児巳之助である。

「市村座」のものがたりは、いまも続いている。

二代目中村吉右衛門
「僕はね、まだ歌舞伎は、未完成の芸術だと思うんですよ」

（『二代目　聞き書き中村吉右衛門』より）

吉右衛門の自伝の最後を飾る言葉である。この言葉のために、この本があると言ってよい。吉右衛門は言う。「新しい歌舞伎を創造するつもりはありません。創造には破壊を伴うからです。かといってただ修復して昔からの伝統を保存していくだけでよいとも思いません。僕はね、まだ歌舞伎は、未完成の芸術だと思うんですよ。もっともっと完成度の高い素晴らしいものにできるはずです」。

吉右衛門が目指すのは、博物館の陳列ケースの向こうに冷たく鎮座している重要文化財ではなく、斬れば血が出る、生きた歌舞伎だろう。三代目猿之助も、十八代目勘三郎も、吉右衛門も、工程表が違うだけで目指すところは同じなのだ。

ここで吉右衛門が言う「未完成」には、二つの意味があると思う。ひとつは芸の未熟による未達成感。もうひとつは、歌舞伎史のなかで自分は卑小な個でしかないと自覚する「離れた眼」である。

尾上梅幸は「年齢と経験を積むに従って、役者のおもしろさもわかってきたし、またいくら探究してもし切れない芸の奥深さも感じた。年輪を重ねるにつれ、皮が一枚一枚むけていっている実感はあるものの、まだまだ中の〝芯〟にぶつかっていない」（『拍手は幕が下りてから』）とそのもどかしさを率直に告白している。まるで「逃げ水」のように、芸は「極め尽くす」ということがない。そこから、六代目菊五郎の辞世の句「まだ足らぬ踊り踊りてあの世まで」、あるいは義太夫の名人たちの「出来れば修業のためもう一生欲しい」という心境が生まれる。それは同時に、歌舞伎の歴史にくっきりと足跡を残した数々の名人の芸への畏怖と裏表なのである。

「踊りの神様」と呼ばれた七代目坂東三津五郎に「娘道成寺」を伝授した坂東三津江という当時百歳近い女弟子がいた。三津五郎が、当時飛ぶ鳥落とす九代目市川團十郎の踊りはどうですかと訊くと、三津江は「團十郎？　まあね……」。團十郎の先輩格・四代目中村芝翫はと尋ねると「こりゃ、まぁね、踊りになってるね」。じゃあ誰が上手いんですかといったら、三津江の答えは「永木の三津五郎（三代目）と三代目歌右衛門」だったという（『芸十夜』）。いずれも明治からさらに遠い文化文政に活躍した名優たちである。これは現代も同じことで、九代目團十郎と五代目菊五郎を観たことを誇りにする「團菊爺」や、六代目菊五郎・初代吉右衛門を絶対視する「菊吉爺」が絶えず存在している。相対化された現代の役者たちには立つ瀬がないが、そこにさらに厳しい言葉を投げかけるのが、狂言・大蔵流の三世山本東次郎である。

「古典と銘うつ以上そこには必ず先輩なり、故人のある事は言うをまたない。しからばその人の声が聴えるかと問い度い。自分の創意工夫は、先人の芸の良否が見えない者のする事である。故人の芸が見え声が聞えたら、恐しくてそんな事の出来るはずのものではない。たゞ一筋に、一本道を行くよりほかに手はないはずである」(『豊竹山城少掾覚書』)。

無論、歌舞伎と能狂言とは立場が違う。先人の型を一点一画揺るがせにせず伝えていくのは共通だが、歌舞伎にはまだ創意工夫は許されている。特にかつての上方では、同じ芝居でも毎回違った演じ方を見せていかないと観客から「工夫が足りない」と飽きられたという。とは言っても、工夫はあくまでその狂言のドラマの骨格を崩さない幅で許されたもので、余地は狭まってくる。それに大抵の工夫は、名人たちにすでに先を越されている。

一生修業しても先人に行き着けぬならば、修業する意味はあるのかと真剣に悩み抜いたのが、若き日の八代目三津五郎だった。彼はその思いを親しくしていた能・宝生流の松本長《ながし》に打ち明けた。松本の答えである。

「そういわれればそうだけれどね、俊ちゃん、考えようだよ。どんな偉い名人だって、どっか忘れものしてるよ……それを探すんだよ。それでそこだけをうんと勉強して、ここだけは師匠より一歩先へ出たッと——。そう思わなきゃ、生きていかれないじゃないか」(『芸十夜』)。

いま、吉右衛門、玉三郎、仁左衛門、菊五郎、白鸚らが、若き日から手がけてきた当り役を改めて手がけることによって、円熟の芸を見せている。観るたびごとに、私たちには新鮮な発見があり、これまで見慣れてきた俊寛が、阿古屋が、大蔵卿が、勘平が、そして由良之助が、新たないのちを吹き込まれて動き出す。

平成二十九年(二〇一七年)一月歌舞伎座での「沼津」、吉右衛門の呉服屋十兵衛を観てみよう。祖父初代吉右衛門以来の当り芸で、彼自身何度も手掛けた役である。しかしこの時は、前半の棒鼻での零れんばかりの愛嬌に加えて、雲助の平作が荷を持たせてくれとせがむ時、「親爺さんがそんなに頼むんなら」とチラと観る表情に、運命への予感とでも言うべきものが兆したのである。

平作の家に一夜の宿を取った十兵衛は、守り袋の臍の緒書きから、自分が平作が幼いころ鎌倉へ養子に出した息子の平三郎であることを知る。しかし、いまは敵同士。名乗ることが出来ない十兵衛は、過去を振り切るように出立するものの、「吉原までは行けるであろうか」と提灯の火影で平作の顔を照らし名残りを惜しむ。その思入れの哀しさに、私は暗涙を催さざるを得なかった。それは棒鼻でのあの運命的な出逢いが、この別れの哀歎と響きあっていたからであり、これまでの吉右衛門の十兵衛にはない、新たな彫りの深さであった。

おそらく吉右衛門たちの舞台は、松本長の言う果てしない「忘れもの探し」の旅であり、山本東次郎の言う「先人の声を聞く」道程なのではないだろうか。

「歌舞伎は未完成」。

吉右衛門が言うように、歌舞伎とはまさに終わりなき運動体なのである。

おわりに

尾上松也と坂東巳之助。

中村梅枝と中村壱太郎。

松也はテレビにも活躍の場を拡げ、巳之助も亡き父三津五郎譲りの舞踊をはじめ、最近では「NARUTO―ナルト―」の主役で気を吐く若手立役。梅枝は中村時蔵の、壱太郎は中村鴈治郎の長男。ともに近年古典でとみに地力をつけている若女形である。立役と女形、それぞれふたりの違いがお分かりだろうか。

松也と梅枝が昭和生まれ(昭和六十年と六十二年)、巳之助と壱太郎が平成生まれ(平成元年と二年)なのである。平成生まれの若手花形は、三十歳を年長に、すでに二十代のひとつの世代を形成している。

その少し上、昭和五十年代初め以降の生まれに広げると、猿之助、海老蔵、菊之助、勘九郎、七之助らまでが若手の「上限」と言えようか。

その彼ら全般への苦言だろうか、平成二十九年(二〇一七年)夏の歌舞伎学会での座談会での、さる劇通の言葉が耳に残っている。

「いまの若手たちには先人への「憧れ」というものがありません。だから、「何でもあり」になるんです」。

本書で数々の芸談を選びながら、芸談とは突き詰めれば役者たちの「先人へののろけ」だと思った。「芝のおじさん(六代目菊五郎)」、「播磨屋のおじさん(初代吉右衛門)」、「紀尾井町のおじさん(二代目松緑)」、「岡本町(六代目歌右衛門)」といった呼び方ひとつとっても、懐かしさ・親しみとともに芸への畏怖を込めて語られている。しかし若手、とりわけ平成生まれの人々にとっては歌右衛門や二代目松緑に厳しく稽古をつけてもらったこともなく、ましてや六代目菊五郎や初代吉右衛門など歴史上の人物だろう。若手たちも無論、親や師匠がいて教えを乞う。幹部俳優の肩に圧し掛かる負担もそれだけ重いわけだが、教えを受ける若手たちの内に、それ以上の「規範的存在」、言い換えれば「あこがれ」があるのだろうか。

本書のはじめに述べた勘三郎、團十郎、三津五郎の不在が、そこには深く関わっている。十七代目勘三郎、歌右衛門、二代目松緑らを介して伝えられた「菊吉」の芸を、若手たちに通訳する指導役を一気に欠いてしまったのだ。その不在は、同時に若手たちにとっての「芸」とは何か、という意識自体につながっていくだろう。

例えば、猿之助は言う。「すごく難しいのは、先輩の方の中には、究極誰に見てもらっているかということになると、お客様じゃないんだ、それは、ご先祖様や神様だ、と」(『猿之助、比叡山に千日回峰行者を訪ねる』)。

ここで彼が指しているのは八代目三津五郎の語る挿話である。六代目菊五郎と七代目三津五郎の顔合わせの「三社祭」は神品と評されたが、六代目はムラッ気のある人で、よく舞台を投げる。その横で三津五郎はいつもの通り淡々と踊りこんでいく。以下、たまらず息子の八代目三津五郎が問いただした時の父と子の会話。


「お父さん、やりにくくないの?」

「あたしは平気だよ」

「だって芝のおじさんはあんなに捨てちゃってるのに」

「うん、芝はネ、お客さんを相手にしてるから、そうなんだろう」

「じゃお父さんは誰を相手にしてるの?」

「あたしゃネ、死んだ人に見てもらってるんだよ。……それはうちの親父(十二代目守田勘弥)と、堀越のおじさん(九代目團十郎)と、成駒屋のおじさん(四代目芝翫)と、寺島のおじさん(五代目菊五郎)と、この人達が後ろで見てると思ってやってるんだ。そうするとお客なんざァどんなお客だって平気でやれるし、怠けるなんてことはできませんよ」(『芸十夜』)。

猿之助も、自分にも「観客が消える瞬間」がある、と認める。その上で「ただエンターテインメントとしてお客様のことを考えないことがいいことなのか悪いことなのかは、私はわかりません。それは、精神論として……はかっこよいかもしれないけれど、それが本当に演劇として正しいかどうかはわからないですね」(『猿之助、比叡山に千日回峰行者を訪ねる』)と悩ましさを率直に吐露している。「いくら内容がよくても、お客様に来ていただかないことには、それは、いい芝居じゃない」(同書)というシビアな世界で日々休みなく身を削っている彼なればこその自問自答であり、だからこそ彼には骨董との対話という内省の時間が必要なのだろう。ましていまの若手はそうした「精神論」に立ち帰る余裕さえないかも知れない。

しかし私が決して悲観しないのは、この一年の間でも、若手たちの目を瞠るような舞台にいくたびか接することが出来たからである。それまで固く閉じていたと思った莟が開き、身体の奥に眠っていた何かが、まるでスイッチが入ったように目覚める瞬間に立ち会えたのは嬉しかった。

芸談とは「先人へののろけ」であると書いた。同時に本書で語られる芸談は、平成という時間軸で切り取った「歌舞伎」というひとつのDNAのものがたりであり、それが過去から現在、そしていま次代へと流れ行こうとしている。それが若手たちという「うつわ」になみなみと注がれて、いまは発酵せずともいずれ漲りわたるであろう日を、私は客席で辛抱強く待つことにする。

これもまた、歌舞伎を観つづける最高の醍醐味なのだから。

参考文献

はじめに

坂東三津五郎(十代目)『あばれ熨斗』三月書房、二〇〇一年
八文字屋自笑編『役者論語』(日本古典文学大系98『歌舞伎十八番集』岩波書店、一九六五年所収)
今尾哲也『役者論語評注』玉川大学出版部、一九九二年

第一章

郡司道子『聞き書き　中村又五郎歌舞伎ばなし』講談社、一九九五年
尾上松緑(二代目)『松緑芸話』講談社、一九八九年
尾上梅幸『拍手は幕が下りてから』NTT出版、一九八九年
関容子『花の脇役』新潮社、一九九六年
坂東三津五郎(十代目)『三津五郎城めぐり』三月書房、二〇一〇年
大槻茂『人間国宝　尾上多賀之丞の日記――ビタと呼ばれて』青草書房、二〇一〇年

ペョトル工房＋竹柴源一編著『三階さん』(夜想EX②「歌舞伎はともだち」)ペョトル工房、一九九三年
関容子『歌右衛門合せ鏡』文藝春秋、二〇〇二年
河原崎國太郎(五代目)『女形芸談』未来社、一九七二年
伊原敏郎『近世日本演劇史』早稲田大学出版部、一九一三年
服部幸雄編『歌舞伎をつくる』青土社、一九九九年
関容子『役者は勘九郎——中村屋三代』文藝春秋、一九九二年
中村勘九郎(十八代目勘三郎)他『中村屋三代記——小日向の家』集英社文庫、一九九八年
坂東三津五郎(八代目)・武智鉄二『芸十夜』雄山閣、二〇一〇年
渥美清太郎『六代目菊五郎評伝』冨山房、一九五〇年
御園座演劇図書館編著『現代の歌舞伎芸談』演劇出版社、一九九〇年
中村芝翫(七代目)『芝翫芸模様』(聞き書き・小玉祥子)集英社、一九九七年
森鷗外「じいさんばあさん」(岩波文庫『山椒太夫・高瀬舟他四編』二〇〇二年所収)
坂東三津五郎(十代目)著、長谷部浩編『坂東三津五郎　歌舞伎の愉しみ』岩波書店、二〇〇八年
家永三郎『猿若能の思想史的考察』法政大学出版局、一九八〇年

織田紘二『芸と人――戦後歌舞伎の名優たち』演劇出版社、二〇一一年
市川猿之助(三代目。二代目猿翁)編『猿翁』東京書房、一九六四年
澤村田之助『澤村田之助むかし語り――回想の昭和歌舞伎』雄山閣、二〇一一年
服部幸雄編『歌舞伎の表現をさぐる』演劇出版社、二〇〇一年
「演劇界」増刊『女形　六世中村歌右衛門』演劇出版社、一九九三年

第二章

渡辺保『歌舞伎の見方』角川選書、二〇〇九年
市川團十郎『團十郎の歌舞伎案内』PHP新書、二〇〇八年
中村小山三『小山三ひとり語り』演劇出版社、二〇一三年
石山俊彦『楽屋のれん』演劇出版社、二〇〇三年
西村彰朗編著『一方の花　五代目上村吉弥の生涯』私家版、一九九三年
ペヨトル工房編『三代目澤村田之助』(夜想EX③「歌舞伎はともだち」)ペヨトル工房、一九九六年
長谷部浩『菊五郎の色気』文春新書、二〇〇七年
「広告批評」別冊『淀川長治の遺言』マドラ出版、一九九八年

「寿阿弥筆記」(伊原敏郎『近世日本演劇史』早稲田大学出版部、一九一三年所収)
小泉英明・市川團十郎『童の心で――歌舞伎と脳科学』工作舎、二〇一二年
千谷道雄『秀十郎夜話――初代吉右衛門の黒衣』冨山房百科文庫、一九九四年
尾上菊五郎(六代目)『芸』改造社、一九四七年
関容子『芸づくし忠臣蔵』文藝春秋、一九九九年
山田庄一・渡辺保『二人の名優――二代目實川延若と三代目中村梅玉』演劇出版社、二〇一六年
佐貫百合人編『十七代市村羽左衛門聞書――歌舞伎の小道具と演技』日本放送出版協会、一九八三年
歌舞伎学会編「歌舞伎　研究と批評17」雄山閣、一九九六年六月

第三章

市川猿之助(三代目。二代目猿翁)・横内謙介『夢みるちから――スーパー歌舞伎という未来』春秋社、二〇〇一年
嵐芳三郎(六代目)『役者の書置き――女形・演技ノート』岩波新書、一九九七年
松本幸四郎(九代目。二代目白鸚)・水落潔『幸四郎の見果てぬ夢』毎日新聞社、一九九六年

坂田藤十郎『坂田藤十郎――歌舞伎の真髄を生きる』世界文化社、二〇〇六年
岡本章・四方田犬彦編『武智鉄二　伝統と前衛』作品社、二〇一二年
市川猿之助(四代目)『猿の眼――僕ノ愛スル器タチ』淡交社、二〇一六年
『新生 CREATING NEW FORMS 市川新之助』(操上和美写真)スイッチ・パブリッシング、二〇〇〇年
小松成美『勘三郎、荒ぶる』幻冬社文庫、二〇一〇年
市川猿之助(三代目。二代目猿翁)『スーパー歌舞伎――ものづくりノート』集英社新書、二〇〇三年
「演劇界」増刊『市川猿之助の仕事』演劇出版社、一九九五年
中村哲郎『西洋人の歌舞伎発見』劇書房、一九八二年
ブルーノ・タウト『日本――タウトの日記　一九三四年』(篠田英雄訳)岩波書店、一九七五年
ブルーノ・タウト『日本文化私観』(森儁郎訳)明治書房、一九三六年
志野葉太郎『歌舞伎　型の伝承』演劇出版社、一九九一年
三木竹二著、渡辺保編『観劇偶評』岩波文庫、二〇〇四年
百戯園「歌舞妓雑談」(国立劇場調査養成部芸能調査室編『名優芸談集』歌舞伎の文献9、国立劇場、一九八二年所収)

松本幸四郎（九代目。二代目白鸚）『ギャルソンになった王様』廣済堂出版、一九九六年
松本幸四郎（同右）『句集・仙翁花』三月書房、二〇〇九年
松本幸四郎（同右）『松本幸四郎の俳遊俳談』（大倉舜二写真）朝日新聞社、一九九八年
中村鴈治郎（二代目）・藤田洋編『鴈治郎の歳月』文化出版局、一九七二年
光永圓道・市川猿之助（四代目）『猿之助、比叡山に千日回峰行者を訪ねる』春秋社、二〇一六年
市川三升（十代目團十郎）『九世團十郎を語る』推古書院、一九五〇年
関容子『勘三郎伝説』文春文庫、二〇一五年

第四章

関容子『虹の脇役』新潮社、一九九九年
片岡秀太郎『上方のをんな――女方の歌舞伎譚』アールズ出版、二〇一一年
中村雀右衛門（四代目）『私事――死んだつもりで生きている』岩波書店、二〇〇五年
小松成美『仁左衛門恋し』徳間文庫カレッジ、二〇一四年
片岡仁左衛門（十三代目）『芝居譚』河出書房新社、一九九二年
長谷部浩『天才と名人――中村勘三郎と坂東三津五郎』文春新書、二〇一六年

小玉祥子『二代目　聞き書き中村吉右衛門』朝日文庫、二〇一六年
渡辺保『日本の舞踊』岩波新書、一九九一年
坂東玉三郎『坂東玉三郎――すべては舞台の美のために』小学館、二〇〇九年
渡辺保『名女形・雀右衛門』新潮社、二〇〇六年
関容子聞き取り「十五代目片岡仁左衛門芸談」(篠山紀信『十五代目片岡仁左衛門』小学館、二〇〇九年、別冊付録所収)
市川團十郎『團十郎復活――六十兆の細胞に生かされて』文藝春秋、二〇一〇年
片岡仁左衛門(十三代目)『菅原と忠臣蔵』向陽書房、一九八一年
片岡仁左衛門(十三代目)『忘れられている先祖の供養』三学出版、一九八四年
利倉幸一編著『七世坂東三津五郎　舞踊藝話』演劇出版社、一九七七年
坂東三津五郎(十代目)著、長谷部浩編『坂東三津五郎　踊りの愉しみ』岩波書店、二〇一〇年
中村勘三郎『十八代勘三郎』小学館、二〇一三年
藤田洋編『豊竹山城少掾覚書』(国立劇場調査養成部編『演芸資料選書9』日本芸術文化振興会、二〇一〇年)

あとがき

芸談にも「芸風」があるのだな、と本書を書きながら思った。

得意の役々の型と性根について微に入り細にわたってよどみ無く語りつくし、どこを切り取ってもこれ芸談、という人。

自らの芸について具体的には語らないが、言葉のひとつひとつが鋭い直覚となって、読むものの胸に響く人。

同じく、芸は語らぬものの、その人の歩んだ足跡自体が、一篇の雄弁な芸談になっている人。

それらがそのまま、舞台の上でのその人の芸風に重なり、あるいは意外な側面を覗かせてくれるのだから面白い。


本書執筆について岩波新書編集部の永沼浩一編集長からはじめてお話を頂いたのは、二〇一三年九月だった。今日まで遅延したのは、偏に私の怠慢によるが、辛抱強く待って頂いた永沼さんには感謝のほかない。

去年のはじめから、書斎で「積ん読」状態だったものも含め、書架の芸談に目を通しはじめ、採取した芸をめぐることばは、約四百話ほどになった。

それからさらに五十話、最終的には四十四話に絞り込んだ。一日一話ずつ、ひと月半かけて脱稿したが、そのたびごとに、役者たちの舞台姿と肉声が、行間から鮮やかに立ち上ってきた。そうすると、同じ趣旨の芸談が、たしか江戸時代の役者にもあったはずという興味も湧いてくる。古書のページを繰るのが実に愉しかった。

いまは永沼さんからの永年の宿題を終え、ようやく肩の荷を下ろした思いである。

何より、本書は芸談を実際に記し、あるいは語った役者たち、彼らから珠玉のことばを引き出して聞き書きにまとめられた先達各位の努力が無ければ成立し得なかった。

改めて感謝申し上げる次第である。

二〇一八年十一月

犬丸　治

犬丸 治

1959年東京生まれ．1982年慶應義塾大学経済学部卒業
現在―演劇評論家，歌舞伎学会副会長
著書―『市川海老蔵』(岩波現代文庫，2011．『市川新之助論』講談社現代新書，改題)
『「菅原伝授手習鑑」精読　歌舞伎と天皇』(岩波現代文庫，2012)
『天保十一年の忠臣蔵―鶴屋南北『盟三五大切』を読む』(雄山閣，2005)
編著―『歌舞伎座を彩った名優たち―遠藤為春座談』(雄山閣，2010)
『歌舞伎入門　役者がわかる！　演目がわかる！』(世界文化社，2014)

平成の藝談 歌舞伎の真髄にふれる
岩波新書(新赤版)1754

2018年12月20日　第1刷発行

著　者　犬《いぬ》丸《まる》 治《おさむ》

発行者　岡本 厚

発行所　株式会社 岩波書店
〒101-8002 東京都千代田区一ツ橋2-5-5
案内 03-5210-4000　営業部 03-5210-4111
http://www.iwanami.co.jp/

新書編集部 03-5210-4054
http://www.iwanamishinsho.com/

印刷・精興社　カバー・半七印刷　製本・中永製本

ISBN 978-4-00-431754-8　Printed in Japan

岩波新書新赤版一〇〇〇点に際して

ひとつの時代が終わったと言われて久しい。だが、その先にいかなる時代を展望するのか、私たちはその輪郭すら描きえていない。二〇世紀から持ち越した課題の多くは、未だ解決の緒を見つけることのできないままであり、二一世紀が新たに招きよせた問題も少なくない。グローバル資本主義の浸透、憎悪の連鎖、暴力の応酬――世界は混沌として深い不安の只中にある。

現代社会においては変化が常態となり、速さと新しさに絶対的な価値が与えられた。消費社会の深化と情報技術の革命は、種々の境界を無くし、人々の生活やコミュニケーションの様式を根底から変容させてきた。ライフスタイルは多様化し、一面では個人の生き方をそれぞれが選びとる時代が始まっている。同時に、新たな格差が生まれ、様々な次元での亀裂や分断が深まっている。社会や歴史に対する意識が揺らぎ、普遍的な理念に対する根本的な懐疑や、現実を変えることへの無力感がひそかに根を張りつつある。そして生きることに誰もが困難を覚える時代が到来している。

しかし、日常生活のそれぞれの場で、自由と民主主義を獲得し実践することを通じて、私たち自身がそうした閉塞を乗り超え、希望の時代の幕開けを告げてゆくことは不可能ではあるまい。そのために、いま求められていること――それは、個と個の間で開かれた対話を積み重ねながら、人間らしく生きることの条件について一人ひとりが粘り強く思考することではないか。その営みの糧となるものが、教養に外ならないと私たちは考える。歴史とは何か、よく生きるとはいかなることか、世界そして人間はどこへ向かうべきなのか――こうした根源的な問いとの格闘が、文化と知の厚みを作り出し、個人と社会を支える基盤としての教養となった。まさにそのような教養への道案内こそ、岩波新書が創刊以来、追求してきたことである。

岩波新書は、日中戦争下の一九三八年一一月に赤版として創刊された。創刊の辞は、道義の精神に則らない日本の行動を憂慮し、批判的精神と良心的行動の欠如を戒めつつ、現代人の現代的教養を刊行の目的とする、と謳っている。以後、青版、黄版、新赤版と装いを改めながら、合計二五〇〇点余りを世に問うてきた。そして、いままた新赤版が一〇〇〇点を迎えたのを機に、人間の理性と良心への信頼を再確認し、それに裏打ちされた文化を培っていく決意を込めて、新しい装丁のもとに再出発したいと思う。一冊一冊から吹き出す新風が一人でも多くの読者の許に届くこと、そして希望ある時代への想像力を豊かにかき立てることを切に願う。

（二〇〇六年四月）

2019.6.20